アメリカ分裂
数字から読みとく大統領選挙

井田正道

明治大学出版会

まえがき

「初の女性大統領か,それとも異端のトランプか」,2016年の大統領選は,いつにも増して世界中から大きな注目を集めた。そして,大方の予想を覆したトランプ候補の当選は,世界中に大きな衝撃をもたらした。筆者も大方の予測と同様に僅差でヒラリー・クリントンが勝つと思っていた。とはいえ,トランプ候補も根強い人気を維持していたことから,「ひょっとするとトランプかも」という気持ちもなかったわけではない。

2012年から2014年にかけて2年間にわたり米国生活を経験した筆者の肌感覚からすると,トランプ人気は理解できる部分もある。その2年間,筆者が滞在したのは南部に位置するノースカロライナ州であった。滞在中,筆者のアメリカに関する知識が乏しかったこともあろうが,素朴に驚かされたことがいくつもある。渡米してまもなく,プリペイド式の携帯電話をスーパーで買い,電話で登録手続きを行おうとしたら,「英語の場合は①を,スペイン語の場合は②を押せ」と音声案内があり,スペイン語でも登録ができることがわかった。市内のバスに乗ると,乗車中の注意事項に関して英語表記と並んでスペイン語表記がなされている。筆者は,毎朝アパートの共有スペースに行き,セルフサービスのコーヒーを飲むことが日課となっていた。そこで1日の最初に聞く会話はたいてい英語によるものではなく,スペイン語によるものであった。それは,共有スペースを清掃しているスタッフにヒスパニック系が多かったからである。また,テレビでは,国境近くにあるメキシコの刑務所に大量の囚人が収監されており,刑務所内の混乱した様

子がたびたび放映されていた。

　人種的多様化が進行するアメリカ社会であるが，政治的には共和党と民主党による2大政党制が1世紀半にもわたって続いている珍しい国でもある。それは，2大政党が多様な民意を吸収しえてきたことの帰結であると同時に，「2大政党が今後のさらなる多様化に対応できるのか」という疑問も頭をよぎる。そして，21世紀に入り，アメリカ社会の多様性の一層の進行とともに，アメリカ政治の"分断"あるいは"分裂"状態が目に付く。共和党が強いレッドステートと民主党が強いブルーステートとの分裂だけでなく，2016年の予備選で生じた「トランプ旋風」や「サンダース旋風」は2大政党内での根深いイデオロギー的亀裂の存在をも印象づけた。

　筆者は，2年間の米国生活のなかで，州別の特徴を理解する必要性を感じたほか，ヒスパニックなどのマイノリティの存在感の増大，地域的には人口増の著しい南部の存在感の増大といった現象は，これからのアメリカ政治や社会を考える上で見落とせない視点であることも確信した。

　本書では，共和党と民主党が激戦を繰り広げている21世紀初頭のアメリカ大統領選挙を，州別，人種別などに分解し，数字に基づいて考えていく。刊行に当たっては明治大学出版会の須川善行氏に大変お世話になったほか，匿名で素読みをしていただいた2名の方から貴重な示唆を得た。この場を借りて御礼申し上げたい。

2016年11月

井田 正道

目次

まえがき i

序章　アメリカの政治制度 1

第1章　"合州国"を分解する 11
1　『レッドステート　ブルーステート　富裕州　貧困州』 15
2　各州の社会的・政治的性格 18
　　各州の社会的性格…19／各州の政治的性格…23／
　　各州の社会的・政治的性格…29
3　人種投票の変化 41

第2章　揺らぐ? 共和党の牙城 45
　　──南部政治の展開──
1　国勢調査による南部人口の動態と定数配分の変化 47
　　大統領選挙人数の変化…50／増大するマイノリティ人口…51

2　ディープサウスと周縁南部の人口および選挙結果の動向……………52

大統領選の結果——転換期としての1968年…59／

出口調査結果からの考察——政党帰属とイデオロギー…65／むすび…73

第3章　存在感を増すマイノリティ集団……………75
——ヒスパニックの動向——

1　人種的多様化の進行と選挙 …………………………………… 77

2　ヒスパニック有権者の社会的特徴 …………………………… 84

3　ヒスパニックの投票参加 ……………………………………… 87

4　フロリダとテキサスの違い …………………………………… 97

　　むすび…101

第4章　苦しみながらもオバマ再選……………105
——2012年選挙——

1　勝利への政治算術 ……………………………………………… 107

州別選挙人配分数の変化…107／各州の党派心状況の推移…110／鍵となる州…114

2　両陣営の課題 …………………………………………………… 117

ロムニー陣営の課題——劣勢をいかにはね返すか…117／女性票の獲得…118／

オバマ陣営にとっての問題——熱狂の不在…120／党大会後の情勢…126／

最終局面での情勢…130

3　**選挙結果**　132

選挙結果…132／埋まらなかったジェンダーギャップ…136／むすび…141

第5章　アメリカ分裂を印象づけた2016年選挙　147

1　トランプは誰から支持されたのか―共和党予備選―　149
2　クリントン，サンダースは誰から支持されたのか―民主党予備選―　161
3　世界中に衝撃を与えた選挙結果―2016本選挙―　171

再び逆転現象に泣かされた民主党…171／外れた予測…173／
投票行動の社会学的分析…180／むすび…183

あとがき――The Divided States of America――　185
参照文献・ウェブサイト　187

序章

アメリカの政治制度

最初に，現在のアメリカの政治制度について簡単に説明しておきたい。周知のように，アメリカは大統領制を採用している。ひとくちに大統領制といっても多様な形態があるが，日本の高校教育における「政治経済」の教科書では，大統領制のモデルとしてアメリカの大統領制が取り上げられており，アメリカの大統領制が大統領制の典型として教えられている。以下，アメリカの大統領制について説明する。

　大統領制とは「立法部と行政部とが完全に分離され，両者が原則的に対等の関係に置かれ，行政部の首長である大統領が，立法部によってではなく，直接国民により選ばれる政治構造」をいう（藤井1992）。アメリカの場合，大統領の任期は1期4年間で3選は禁止されている。したがって，2016年選挙では2期目を務めていたバラク・オバマ氏には出馬する権利がなかった。大統領になれるのは「出生による米国市民」で35歳以上の者である。共和党予備選が始まる直前の2016年1月には，トランプ候補はライバルのクルーズ候補がカナダ生まれであることを取り上げ，「候補に指名されると厄介な問題になる」と攻撃した。それに対してクルーズ候補は，「母親が米国市民であり，立候補の要件を満たす」と反論した（日本経済新聞　2016年1月12日夕刊）。日本やイギリスで採用されている議院内閣制では行政部の長は首相であり，首相は国会議員でなければならない。それに対して大統領制では大統領は議員を兼ねることはできず，仮に連邦議会議員が大統領に選出された場合は，議員を辞職しなければならない。閣僚についても同様である。

　大統領制と議院内閣制とを比較すると，大統領制は行政府と立法府との厳格な分離を特徴とし，議院内閣制は両者の権力の融合を特徴とする(藤井　1992)。例えば日本では首相は国会による指名で決まり，

単独政権であれ連立政権という形態であれ,通例,国会における多数派勢力が政権を獲得する。ただ,衆参がねじれている場合,政権は衆議院の多数派が握るが,参議院では野党が多数派という状況となる。ただ,1993年の宮沢政権や1994年の羽田政権の事例のように,与党が分裂した場合は,衆議院でも少数与党になる可能性は存在する。

議院内閣制では議会が内閣に対して不信任決議を行うことが可能であり,不信任決議が成立した場合,内閣は総辞職するか議会を解散しなければならない。それに対して,大統領制では議会は政治的行政部に対して不信任決議を行うことはできない。また,日本では内閣不信任決議が可決されなくても,内閣は衆議院を解散することができるが,アメリカでは大統領に議会解散権はない。したがって,アメリカの連邦議会議員選挙は定期的に行われる。なお,補欠選挙ではない定例の選挙の投票日は11月の第1月曜の次の火曜日とされている。これは宗教的要素と農業社会の名残とされ,農繁期を避け,かつ日曜日は教会に行く日であるので,日曜日を避けて設定された。月曜日ではなく火曜日とされたのは,自動車の普及していない時代には馬車で投票所に向かうため,丸1日空けておかないと,投票所にたどりつけない人がいたためとされる。

また,議院内閣制では政治的行政部である内閣と議員の双方に法案提出権があるが,大統領制では法案提出権があるのは議員のみである。ただ,大統領による議会へのフォーマルなチェック機能としては,教書を通して議会に意見を述べることと,議会が可決した法案に対して拒否権(veto)を行使することがある。

ただし,大統領による拒否権が行使された場合でも上下両院のそれ

[表0-1] 拒否権とオーバーライドの回数（ニクソン政権以降）

大統領	拒否権	オーバーライド
ニクソン	43	7
フォード	66	12
カーター	31	2
レーガン	78	9
ブッシュ（父）	44	1
ビル・クリントン	37	2
ブッシュJr.	12	4
オバマ	10	1

＊オバマ政権は2016年9月29日現在。
出典：U.S.House of Representatives, September 29, 2016.

それが3分の2以上の賛成をもって再可決した場合、法案は成立する。これをオーバーライドという。最近の事例としては、2016年9月上旬に上下両院を通過した2001年の米同時多発テロに関与した外国政府への損害賠償を可能にする法案に対して、9月23日にオバマ大統領が拒否権を発動し、それに対して上下両院は3分の2以上の賛成多数で再可決して法案を成立させた。投票結果は、上院は97対1、下院は348対77の賛成多数であり、これはオバマ政権下での初めてのオーバーライドであった（日本経済新聞　2016年9月29日夕刊）。拒否権は歴代大統領の多くが行使しており、2016年9月29日までで、歴代政権の合計で2572回、オーバーライドの合計は111ケースあった。拒否権行使が最も多かったのはフランクリン・ルーズベルトの635回である（U.S.House of Representatives, September 29, 2016）。参考までに[表0-1]にはニクソン政権以降の拒否権行使回数とオーバーライド成立回数を示す。この表から、21世紀に入ってからのブッシュJr.政権とオバマ政権

では拒否権行使回数が減少していることもわかる。

　先に述べたように，議会は政治的行政部に対する不信任決議権を持たないが，大統領の「収賄罪，反逆罪，その他の重罪，軽罪」が認められた場合，議会の弾劾により大統領を辞めさせることができる。ただ，今まで，弾劾により辞めさせられた大統領はいない。

　アメリカでは日本の国会議員に当たる連邦議会議員と大統領は別々に選ばれるので，議会の多数派が政権を獲得するとは限らない。したがって，大統領の所属政党と議会の多数派が異なるケースがしばしば生じ，それを分割政府 (divided government) という。政府という概念も日本では行政府を指すのが通例だが，アメリカではより広義に使われ，立法府のみならず行政府や司法府をも含む概念として一般に使用される。例えば近年のオバマ政権（民主党）を例にとると，その任期の8年間のうち，最初の2年間以外は議会の多数派は共和党という分割政府状態であった。

　20世紀後半にさかのぼると，1955年から1995年まで40年間にわたって下院では民主党多数の状態が続いたが，その40年間のうち，大統領も民主党であったのはケネディ，ジョンソンの計8年間とカーターの4年間，そしてビル・クリントンの最初の2年間であり，合計14年間にすぎない。つまり，40年間のうち半分以上にわたる26年間は大統領と下院はねじれていた。分割政府状態のなかで暫定予算が成立せずに，政府を「シャットダウン」することがある。筆者がアメリカに滞在していた2013年10月にこの「シャットダウン」が行われ，突然，政府の統計データにアクセスできなくなるという"被害"にも遭った。

　日本で国会 (Diet) に当たるのが連邦議会 (Congress) であり，2院制が採用されている。2院の名前は元老院 (House of Senate) と代議院

(House of Representatives)である。元老院を上院(Upper House),代議院を下院 (Lower House) ともいう。この上院と下院という呼び方は,18世紀末にアメリカの首都がフィラデルフィアにあった時に,議会を行った2階建ての公会堂(Congressional Hall)の1階部分を代議院の議場に充て,2階部分を元老院の議場に充てたことによるとされる。筆者も見学したことがあるが,1階の代議員の議場を見学した後,ガイドに「次にアッパーハウス(上院)の議場に行きます。階段を上がってアッパーフロアに行ってください」と案内された。

　上院と下院の権限については,高級官吏任命同意権および条約締結同意権は上院にのみ認められ,下院は歳出入法案の先議権を有する。議決の効力に関して,日本では法律や予算などで衆議院の優越が認められているが,アメリカの2院に関してそのような優劣関係はない。ただ,いわゆる社会的威信は上院議員の方が高いとされる。上院の議長は副大統領が兼任する。しかし,副大統領自身は上院議員ではないため,可否同数のケース以外は表決権を持っていない。また実際に,副大統領が上院議長の役割を果たすのは,新議会の招集日や大統領の議会演説が行われる両院合同会議で下院議長と共同議長を務める場合などの儀式的な会議,および重要法案が賛否同数となった場合に決裁投票権を行使するなど,ごく限られた場合しかない。合衆国憲法の定めにより,上院は副大統領不在時に備えて議長代行を選出している(松橋　2003)。

　上院の議員定数は100人と少なく,50の各州からそれぞれ2名の上院議員が選ばれる。任期は6年で,2年ごとにおよそ3分の1ずつ改選される。被選挙権資格は,30歳以上で合衆国市民となって9年以上でなければならず,かつ選挙された時にその州の州民でなけれ

ばならない。各州 2 名の上院議員は，時期をずらして選挙されるため，2 年おきに行われる計 3 回の選挙のうち，2 回の選挙で上院議員選挙が実施され，残りの 1 回では上院選挙は行われない。

　他方，下院は人口比例により各州に議員数が配分される。ただし，各州には最低 1 議席は与えられる。任期は上院議員の 3 分の 1 である 2 年間である。被選挙権年齢は25歳で，合衆国市民となって 7 年以上でなければならず，かつ選挙時にその州の州民でなければならない。議員総数は上院の 4 倍以上に当たる435名であり，各州の配分議席数は10年ごとに行われる国勢調査（センサス）にしたがって配分される。現時点で，下院議員数が最も多い州はカリフォルニア州で53名であり，人口の少ないアラスカ，デラウェア，モンタナ，ノースダコタ，サウスダコタ，バーモント，ワイオミングの各州では 1 名しかおらず，これらの州では下院議員は上院議員よりも少ないことになる。

　選挙制度は小選挙区制が採用され，各州は配分議席数と同数の選挙区からそれぞれ 1 名の議員を選出する。したがって 2 年おきに全議員が改選される「総選挙」が行われる。日本で通常，小選挙区制といわれる制度は選挙区の規模の大小を基準とした定義ではなく，1 回の選挙で選出される議員数を基準としている。小選挙区制は正確に言えば「一人区制」であり，ひとつの選挙区から 1 名の代表者を選出する方式を指す（井田　2002）。したがって，州代表である上院議員の選挙制度も小選挙区制に該当する。また，下院議長は下院議員の中から選ばれる。

　大統領選挙の本選挙に関しては，大統領候補と副大統領候補とのペアで出馬し，副大統領候補は"ランニングメイト"と呼ばれる。任期途中で大統領が辞任あるいは職務遂行不可能となった場合は副大統

領が大統領に昇格するためである。したがって，仮に任期途中に大統領が辞職したとしても，大統領選挙は実施されない。20世紀後半を振り返ると，1963年に暗殺により命を失ったケネディに代わってジョンソン副大統領が大統領となり，1974年にはウォーターゲート事件に関する疑惑から辞任したニクソン大統領に代わってフォード副大統領が大統領に昇格した（有賀　1985）。ただし，1972年大統領選挙におけるニクソンのランニングメイトは，フォードではなくアグニューであった。フォードは1973年にアグニュー副大統領が辞任したことにより，大統領の指名を受けて副大統領となったので，大統領選挙を経ていない異例の大統領となった。

　大統領選における2大政党の候補者の決定は実質的には予備選挙（Primary）によって行われ，党大会における指名で正式に決定する。党大会の時期は決まっておらず，2016年は7月下旬に行われたが，2012年は9月であった。予備選は大統領選挙年に入ってから始まり，2012年では2012年1月から，2016年は2月から始まった。予備選の方式には話し合いなどによる党員集会（コーカス）と投票による予備選挙（プライマリー）の方式があり，どちらの方式を採用するかについては各州が決定する。大統領選出の流れについては図を参照されたい。

　一般有権者による大統領選挙の投票は4年おきに11月の第1月曜日の次の火曜日に行われる。ただし，近年では期日前投票（early voting）で投票する人が増えており，2012年選挙では州ごとの期日前投票者の平均値が31.8%であった。投票者全体に占める期日前投票者比率が8割を超えている州もある（Abramson, Aldrich, Gomez and Rohde, 2013：p.93）。一般投票で選出された選挙人は12月の第2水曜日の翌週の月曜日に各州都に集まり，正副大統領の投票を行う。これを選

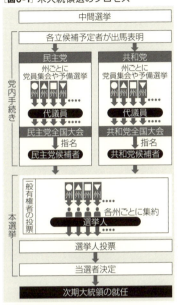

[図0-1] 米大統領選のプロセス

朝日新聞 Web をもとに作成。

挙人投票という。なお，選挙人について各党は，各州で割り当て選挙人数に等しい選挙人候補者氏名を記載した名簿を事前に各州に提出する。けれども，11月の一般投票の時の投票用紙には選挙人の氏名が記載されているのではなく，正副大統領候補者の氏名が記載されている。そして，538人の選挙人の過半数である270人の選挙人の票を獲得した候補者が当選となる。

　新大統領の就任は翌年の1月20日である。正式に次期大統領が決まるのは選挙人投票の後であるが，実質的には11月の一般投票で

決まる。ただ，選挙人が自らを指名した党の候補者に入れることについて全国レベルでの法的な拘束力はなく，党の候補以外の候補に投票する選挙人もまれに存在する。これを「不実な選挙人（Faithless Elector）」と呼ばれるが，それは1948〜2004年の間に計9人存在したにすぎない。2016年8月には，南部ジョージア州の共和党の選挙人が，トランプ候補の発言に対する反感から選挙人投票で同候補に投票をしないことを宣言し，注目された（読売新聞　2016年8月6日）。結果として，2016年選挙では異例の7人もの「不実な選挙人」が発生したが，意外なことにそのうちの5人は民主党の選挙人であった。

第1章
"合州国"を分解する

アメリカは日本で「アメリカ合衆国」と表記されるが、英語名ではThe United States of Americaであり、直訳すると「アメリカ合州国」の意味となる。日本と違って連邦制の統治形態を採用するアメリカでは、州の権限が強い。例えば、日本の消費税はその多くが国税部分で占められるが、アメリカで買い物をした場合にとられるセールス・タックスには国税部分はなく、州税と郡税から構成され、筆者が住んでいた州では州税部分がその多くの割合を占めていた。そのようなこともあり、アメリカでは州という行政単位がことさら意識される。

　序章でも述べたように、アメリカ大統領選挙は間接選挙の形態を採用しており、4年ごとの11月の第1月曜日の次の火曜日（つまり11月2日〜8日の期間の火曜日）に設定される一般投票において、一般有権者は大統領を直接選ぶのではなく、大統領選挙人を選ぶ方式を採用している。大統領選挙人は各州およびワシントンD.C.にあらかじめ人数が割り当てられており、各州の選挙人数は上院議員（各州一律2名）と下院議員総数（人口比例により配分）の合計となっている。

　2016年現在、下院議員配分数が最も多い州はカリフォルニア州で53人であり、最も少ない州は1人である。したがって、州別選挙人割り当て数は上院議員数分の2名を加えて、55人から3人までの範囲にある。なお、連邦議会議員を選出していないワシントンD.C.には3人が配分されている。選挙人の選出方式に関しては、現在ではネブラスカ州とメイン州の2州を除いて、ウィナー・テーク・オール、つまり各州の最多得票者が選挙人のすべてを獲得する勝者総取り方式が採用されている。選挙人総数538人の過半数である270人を獲得した候補者が当選とされる。

　[**表1-1**]には、1972年から2012年までの大統領選挙の選挙結果（選

[表1-1] 2大政党候補者と獲得選挙人数：1972－2012

		共和党候補者	獲得選挙人数		民主党候補者	
1972年	＊	ニクソン	520	17	マクガバン	
1976年		フォード	240	297	カーター	＊
1980年	＊	レーガン	489	49	カーター	
1984年	＊	レーガン	525	13	モンデール	
1988年	＊	ブッシュ	426	111	デュカキス	
1992年		ブッシュ	168	370	クリントン	＊
1996年		ドール	159	379	クリントン	＊
2000年	＊	ブッシュJr.	271	266	ゴア	
2004年	＊	ブッシュJr.	286	251	ケリー	
2008年		マケイン	173	365	オバマ	＊
2012年		ロムニー	206	332	オバマ	＊

＊は勝者

挙人獲得数)を示す。1972年から1996年までの間をみると，カーターが現職のフォードを破った1976年選挙以外では接戦とはなっておらず，いわばワンサイドゲームが多かった。勝者総取り方式により，得票率の差よりも獲得選挙人比率の差の方が拡大されることが多く，特に現職2期目を目指した1972年のニクソンや1980年，84年のレーガンは獲得選挙人総数が500人を超える"地滑り的圧勝"という結果となっている。

それに対して，ともに「史上まれにみる大接戦」といわれた2000年と2004年選挙では獲得選挙人数の差はわずかでしかなかった。2000年選挙では，全米の得票数ではゴア候補（民主）が5099万票，ブッシュJr.候補（共和）5045万票となり，ゴア候補が50万票以上上回ったにもかかわらず，獲得選挙人数ではわずかにブッシュが上回るという「逆転現象」も生じた。この「逆転現象」の発生はじつに112年ぶりのこ

とであった。逆転現象が生じる制度的要因として，多くの州で勝者総取り方式を採用していることを指摘できる。

民主党が選挙人を獲得した州を，同党のシンボルカラーになぞらえてブルーステート（青い州）と呼び，共和党が選挙人を獲得した州は同様の理由でレッドステート（赤い州）と呼ばれる。そのほか，両党に対する有権者の支持が拮抗している州は，スウィングステートや激戦州（battleground state）などとも呼ばれている。そのほか，勝敗のカギを握る州という意味でキーステート（key state）といわれることもあり，民主・共和の両陣営は選挙戦略上特に重視する州となる。2000年選挙においてフロリダ州の結果次第で選挙結果が決定するという状況が生じたことは比較的記憶に新しい。

さて，大統領選では長期にわたる選挙キャンペーン中に数多くの世論調査が実施され，また投票日当日には大規模な出口調査も実施されている。その結果，共和党支持傾向の強い有権者の社会的属性や民主党支持傾向の強い社会的属性が繰り返し明らかにされているとともに，社会学的変数と投票行動との関係の変化も把握することができる。けれども，全国調査から得られた社会学的知見を各州の選挙結果と照合すると，矛盾する点がいくつか発生してしまうことも事実である。世論調査データを所得別に分析すると，高所得者層は共和党に投票する者が多く，低所得者層は民主党に投票する傾向が強い。また人種別では，白人は共和党に投票する者が多く，黒人・ヒスパニックなど人種的マイノリティは民主に投票する傾向が強い。それならば，所得水準が相対的に低く，白人割合が低い南部の諸州でなぜ共和党が強く，所得水準が高く，白人割合の高い北東部の諸州でなぜ民主党が強いのか，という素朴な疑問が湧いてくるのである。

ここでは先行研究としてジェルマン，パーク，ショア，バフミおよびコルティナによる『レッドステート　ブルーステート　富裕州　貧困州』(Gelman, Park, Shor, Bafumi, and Cortina, 2008) において論じられた知見を簡潔に紹介し，さらに2004年と2008年に行われた米大統領選の結果について，地域の社会的性格や政治的性格との関連から得票分析をこころみる。したがって，分析の対象となるデータはすべて州別のデータである。分析により，21世紀初頭のアメリカ合衆国の選挙地図に関する理解を深める。

1 　『レッドステート　ブルーステート　富裕州　貧困州』

　米国で実施される世論調査や出口調査で繰り返し確認される事実のなかに，世帯所得の水準と政党支持や投票行動の関係がある。その内容として，高所得層は共和党支持傾向が強く，低所得層は民主党支持傾向が強い，という事実がある。

　さて，世論調査や出口調査で確認されてきたこの事実を州別の選挙結果と照合すると，いくつかの逆説(パラドクス)が認められる。たとえば，黒人割合の高い南部のいくつかの州は州民の所得水準が相対的に低い傾向がある。それにもかかわらず，低所得者層の支持が高い民主党の牙城(ブルーステート)にはなっておらず，逆に共和党の牙城になっている。また所得水準が相対的に高い州の多い北東部の諸州は共和党ではなく民主党が強い傾向が認められる。

　所得水準と選挙結果との関係に関する，このパラドクスを解明しようとこころみた研究として，ジェルマン，パーク，ショア，バフミ，コルティ

ナによる『レッドステート　ブルーステート　富裕州　貧困州』がある。同研究ではブッシュ Jr.対ケリーの戦いとなった2004年の大統領選を素材として検討が加えられている。

　同研究で主張された結論は次のとおりである。まず，所得と選挙結果との関係について，2004年大統領選では，平均所得が高い州ほど民主党のケリー候補の得票率が高い傾向がみられたという。しかし，フォード（共和党）対カーター（民主党）の対戦となった1976年選挙では州別所得水準と2大政党得票率との間に相関関係は認められておらず，1980年代からこれらの相関関係が顕在化したという。ジェルマンらは，平均所得が高い州を富裕州（リッチステート）と呼び，それが低い州を貧困州（プアステート）と呼ぶ。富裕州は，労組の組織率が高く，大都市があり，移民流入の度合いが高い，という特徴があり，社会問題に対してリベラルになる傾向がある。なお，アメリカではイデオロギー軸を表す用語として保守とリベラルが用いられることが多い。保守派は小さな政府を志向し，例えば国民皆保険には反対である。また人工妊娠中絶や同性婚などの社会問題については，否定的な考えを持つ。リベラルは，大きな政府を志向し，先に挙げた社会問題については寛容で，多様性を重視する。

　また，同一州内の所得階層による投票行動の差異は，貧困州の方が大きい。例えば，ミシシッピ，アラバマのような貧困州では富裕層はブッシュ投票者の割合が高いのに対して低所得層はケリー候補に票を投じた割合がかなり高かった。それに対してニューヨークやカリフォルニア，マサチューセッツ，コネチカットのような富裕州では，所得は重要な規定要因ではなく，民主党のケリー候補は貧困層のみならず，富裕層からも支持されていた。

このようにレッドステートとブルーステートとでは，富裕層の投票行動に大きな違いがみられる。彼らは，経済財政問題と社会問題に関して，富裕州と貧困州に区分してそれぞれ富裕層，中間層，貧困層の政治的態度を分析した。その結果が以下のようにまとめられている。

経済財政問題
　　レッドステート　貧困層―リベラル　中間層―中道　富裕層―保守
　　ブルーステート　貧困層―リベラル　中間層―ややリベラル　富裕層―中道

社会問題
　　レッドステート　貧困層・中間層・富裕層ともに保守
　　ブルーステート　貧困層・中間層―中道　富裕層―リベラル

　経済財政問題については，所得階層が上がるほど保守的になる傾向があるが，ブルーステートよりもレッドステートの有権者の方が階層間のイデオロギーの差が明確である。テキサスやミシシッピのようなレッドステートでは高所得層は貧困層よりもずっと保守的であるが，民主党が強いニューヨークやカリフォルニアでは，富裕層は貧困層に比して経済問題でやや保守的であるにすぎない。

　社会問題については，レッドステートよりもブルーステートの方がリベラルであり，とくに富裕層のイデオロギーに関してはレッドステートとブルーステートは対照的ですらある。それは宗教との関係で論じることができる。貧困州の住民の方が富裕州の住民よりも教会によく行く。信仰心の高さは社会保守と共和党支持と相関があるが，その相関はとり

わけ富裕層で高いという。

このような政治的態度の違いを背景とする富裕層・中道層の投票行動の違いが，先のパラドクスの原因であるという結論に到達している。

同研究は大変示唆に富むものであるが，本研究では，所得だけではなく，様々な社会学的変数から州による選挙結果の違いを解明することをこころみるとともに，2大政党の支持が拮抗している「スウィングステート」の社会的特性についても明らかにする。加えて，出口調査結果を用いて各州の政治的性格についても考察を加える。

2　各州の社会的・政治的性格

ともにブッシュ Jr.（共和党）が僅差で勝利を収めた2000年と2004年選挙で指摘されたのは，アメリカではブルーステートとレッドステートが固定化され，事実上2つのアメリカに分断されているのではないかということであった。実際，世論調査の時系列データによると，かつて「ラベルの異なる2つのビン」といわれた，基本的なイデオロギーの差がほとんどないといわれていた民主党と共和党との間に「重要な違いがある」とみなす有権者が多くなってきている(Brewer 2009)。もとより2大政党の力が拮抗した状態が続いてきたアメリカではブルーステートとレッドステートの分裂事態は当然のこととして存在しているわけだが，2大政党が「ラベルの異なる2つのビン」であるのならば，「2つのアメリカ」という認識にはつながりにくい。2000年代に入り，「2つのアメリカ」論が主張されていることは2大政党間のイデオロギーの違いが明確化しているという認識が横たわっている。

● ──── 各州の社会的性格

ここでは，人種，所得，格差，宗教に関する代表的指標を取り上げ，各州の社会的性格について検討を加える。代表的指標として，以下のものを取り上げる。

人種に関する指標として，「州民に占める白人の割合」および「州民に占める黒人の割合」を取り上げる。いわゆる人種投票 (race voting) の指標としては，白人と黒人との投票行動の差異が用いられてきたが，増加しつつあるヒスパニック（あるいはラティーノ）やアジア系の選挙結果に及ぼす影響も無視できなくなってきている。ただ，これらは白人と黒人の中間の性格を持つといわれ，人種的中間層 (the racial middle) と言われることもある (Logan 2011)。したがって，ここでは党派的志向において最も違いの大きい白人と黒人を取り上げることとする。

所得に関しては「4人世帯の世帯所得の中央値 (median)」を取り上げた。むろん，仮に中央値が同水準であるとしても，富裕層や貧困層の割合が同水準であるということを意味しない。そこで，所得格差を示す有力な指標である「ジニ係数」も取り上げた。

宗教に関しては「毎週教会に行く人の割合 (weekly church attendance)」を取り上げた。投票行動に関する古典的な研究のひとつであるラザースフェルドらの『ピープルズ・チョイス』ではプロテスタントかカトリックかという宗派の違いが重視され，プロテスタントは共和党支持者が多く，カトリックには民主党支持者が多いとされた (Lazarsfeld, Berelson and Gaudet, 1948)。この傾向はその後も現在に至るまで続いているものの，プロテスタントとカトリックの投票行動の違いは1970年代以降になった縮小しているという事実も認められる (Abramson, Aldrich and Rohde 2010)。近年の世論調査・出口調査の結果をみると，宗派の違いによ

[図1-1] アメリカ地図

る投票行動の違いはさほど大きくなく，むしろ教会に行く頻度に端的に代表される信仰心の度合いの違いによる投票行動の差異の方が大きくなっている（McMahon, Rankin, Beachler, and White 2009）。これは1980年代以降，人工妊娠中絶問題や同性婚といった社会的争点（social issue）の重要性が増したことともおおいに関係がある。

なお，序章でも説明した通り，全米は50州からなるが，大統領選ではそれら50州に加え，ワシントンD.C.からも選挙人が選出される。そこで合計51のデータを示している。

「白人％」「黒人％」「世帯所得中位値」そして「ジニ係数」のデータは2010年の国勢調査により，宗教に関するデータについては2009年のギャラップ調査のデータによる。[表1-2]には各州について，白人割

[表1-2] 各州の社会的性格

州	略号	白人%	黒人%	所得中位値	ジニ係数	毎週教会に行く%
アラバマ	AL	67.0	26.2	41,459	0.472	58
アラスカ	AK	64.1	3.3	66,311	0.422	31
アリゾナ	AZ	57.8	4.1	48,108	0.455	39
アーカンソー	AR	74.5	15.4	39,375	0.458	53
カリフォルニア	CA	40.1	6.2	59,540	0.471	35
コロラド	CO	70.0	4.0	55,580	0.457	35
コネチカット	CT	71.2	10.1	65,883	0.486	32
デラウェア	DE	65.3	21.4	57,289	0.440	38
D.C.	DC	34.8	50.7	62,009	0.532	36
フロリダ	FL	57.9	16.0	45,609	0.474	40
ジョージア	GA	55.9	30.5	47,659	0.468	51
ハワイ	HI	22.7	1.6	65,191	0.433	31
アイダホ	ID	84.0	0.6	44,867	0.433	41
イリノイ	IL	63.7	14.5	54,644	0.465	42
インディアナ	IN	81.5	9.1	45,898	0.440	44
アイオワ	IA	88.7	2.9	49,401	0.427	45
カンザス	KS	78.2	5.9	49,687	0.445	46
ケンタッキー	KY	86.3	7.8	40,948	0.466	48
ルイジアナ	LA	60.3	32.0	43,804	0.475	56
メイン	ME	94.4	1.2	47,069	0.437	27
メリーランド	MD	54.7	29.4	70,976	0.443	40
マサチューセッツ	MA	76.1	6.6	63,967	0.475	29
ミシガン	MI	76.6	14.2	46,692	0.451	40
ミネソタ	MN	83.1	5.2	56,936	0.440	44
ミシシッピ	MS	58.0	37.0	37,838	0.468	63
ミズーリ	MO	81.0	11.6	45,600	0.455	44
モンタナ	MT	87.8	0.4	44,145	0.435	36
ネブラスカ	NE	82.1	4.5	49,770	0.432	45
ネバダ	NV	54.1	8.1	52,045	0.448	30

ニューハンプシャー	NH	92.3	1.1	62,770	0.425	26
ニュージャージー	NJ	59.3	13.7	69,829	0.464	38
ニューメキシコ	NM	40.5	2.1	43,326	0.464	43
ニューヨーク	NY	58.3	15.9	55,712	0.499	35
ノースカロライナ	NC	65.3	21.5	44,726	0.464	53
ノースダコタ	ND	88.9	1.2	50,026	0.433	49
オハイオ	OH	81.1	12.2	46,275	0.452	41
オクラホマ	OK	68.7	7.4	43,239	0.454	49
オレゴン	OR	78.5	1.8	47,989	0.449	31
ペンシルベニア	PA	79.5	10.8	50,548	0.461	42
ロードアイランド	RI	76.4	5.7	53,879	0.467	32
サウスカロライナ	SC	64.1	27.9	43,311	0.461	56
サウスダコタ	SD	84.7	1.3	46,993	0.442	47
テネシー	TN	75.6	16.7	42,453	0.468	54
テキサス	TX	45.3	11.8	50,010	0.469	50
ユタ	UT	80.4	1.1	56,227	0.419	56
バーモント	VT	94.3	1.0	50,707	0.444	23
バージニア	VA	64.8	19.4	62,173	0.459	44
ワシントン	WA	72.5	3.6	57,201	0.441	32
ウェストバージニア	WV	93.2	3.4	39,444	0.451	42
ウィスコンシン	WI	83.3	6.3	50,293	0.430	40
ワイオミング	WY	85.9	0.8	55,213	0.423	34
平均		70.7	11.1	51,385	0.454	41
中央		74.5	7.4	49,770	0.454	41
最大		94.4	50.7	70,976	0.532	63
最小		22.7	0.4	37,838	0.419	23

* ・白人％と黒人％は2010年国勢調査データ。白人％はヒスパニック除く。
 ・所得中位値は4人世帯の所得の中央値（単位米ドル、2010年国勢調査データによる）。
 ・毎週教会は毎週教会に行く人の割合（2009年のギャラップ調査による、Gallup.com）。
 ・ジニ係数は主に社会の所得分配の不平等さを測る指標であり、0から1の範囲にある。数値が大きいほど格差が大きいことを示す。

合,黒人割合,世帯所得(中位値),ジニ係数,および毎週教会に行く人の割合を示す。

まず,全体を見わたして,白人割合,毎週教会に行く人の割合において特徴的な州を取り上げてみよう。

近年のアメリカで,最も注目される人口学的な変化は白人割合の減少傾向といえるであろう。合衆国センサス局は,2043年に全米規模で白人割合が5割を切ると予測している(U.S. Census Bureau 2012)。州別に見ると,2010年時点で白人の占める割合が5割を下回っているのは,ハワイ,ワシントンD.C.,カリフォルニア,ニューメキシコ,テキサスである。これらのうち,南部に位置するテキサスを除いて民主党が強い州となっている。なお,ワシントンD.C.では,2000年から2010年の間に白人の割合が上昇したが,50州のすべてでその10年間に白人割合が減少している。

宗教への信仰心の度合いを示す指標となる,教会に週1回以上行く人の割合を取り上げると,それが5割以上を占める州は,ミシシッピ,アラバマ,ルイジアナ,ユタ,サウスカロライナ,アーカンソー,テネシー,ノースカロライナ,ジョージア,テキサスの10州である。共和党が強い州が多い。ユタを除いて南部の州が並び,とりわけディープサウス地域で高い傾向がある[*1]。

● **各州の政治的性格**

次に各州の選挙民の政治的態度の傾向について検討を加える。ここで取り上げる政治的態度は,イデオロギー態度と政党帰属意識である。この2つの意識については2008年の出口調査データに基づいて検討する。

[表1-3] 各州の政治的態度(1) —イデオロギー態度—

州	リベラル	中道	保守	保守ーリベラル
アラバマ	12	41	47	+35
アラスカ	15	46	38	+23
アリゾナ	21	42	36	+15
アーカンソー	14	41	45	+31
カリフォルニア	25	44	30	+5
コロラド	17	46	36	+19
コネチカット	29	44	27	-2
デラウェア	23	50	27	+4
D.C.	46	43	11	-35
フロリダ	19	47	35	+16
ジョージア	13	48	39	+26
ハワイ	28	48	24	-4
アイダホ	16	40	43	+27
イリノイ	22	48	30	+8
インディアナ	20	44	36	+16
アイオワ	19	44	37	+18
カンザス	16	45	38	+22
ケンタッキー	17	45	39	+22
ルイジアナ	16	42	42	+26
メイン	27	44	29	+2
メリーランド	26	52	23	-3
マサチューセッツ	32	46	21	-11
ミシガン	25	43	32	+7
ミネソタ	26	44	30	+4
ミシシッピ	16	35	49	+33
ミズーリ	19	45	36	+17
モンタナ	21	46	34	+13
ネブラスカ	17	48	36	+19
ネバダ	22	44	34	+12
ニューハンプシャー	26	46	28	+2

ニュージャージー	25	50	25	0
ニューメキシコ	22	44	34	+12
ニューヨーク	31	43	25	-6
ノースカロライナ	19	44	37	+18
ノースダコタ	16	48	36	+20
オハイオ	20	45	35	+15
オクラホマ	16	45	39	+23
オレゴン	24	43	33	+9
ペンシルベニア	23	50	27	+4
ロードアイランド	28	47	25	-3
サウスカロライナ	17	43	40	+23
サウスダコタ	15	50	35	+20
テネシー	18	38	44	+26
テキサス	15	39	46	+31
ユタ	14	39	48	+34
バーモント	32	44	24	-8
バージニア	21	46	33	+12
ワシントン	27	41	32	+5
ウェストバージニア	18	48	34	+16
ウィスコンシン	23	47	31	+8
ワイオミング	14	47	39	+25

2008年出口調査による。出典：Todd and Gawiser 2009.

[**表1-3**]には，2008年のメディア共同の出口調査による各州投票者のイデオロギー分布，および保守派のパーセンテージからリベラル派のそれを差し引いた値を示す。ここでのイデオロギーとは，個々の政治的問題に関する志向から分類したものではなく，自分自身を保守，中道，リベラルの中に位置付けた"セルフ・イメージ"である。リベラル層の方が保守層よりも多いのは，ワシントンD.C., マサチューセッツ，ニューヨーク，

バーモント，ハワイ，メリーランド，ロードアイランド，コネチカットの8つにとどまる。また，それらが同水準の州が1州(ニュージャージー)ある。

したがって，他の42州では保守派と回答した者の割合のほうがリベラル派よりも多い。保守派が4割を超える，保守色がとりわけ強い州は，ミシシッピ，ユタ，アラバマ，テキサス，アーカンソー，テネシー，アイダホ，ルイジアナ，サウスカロライナの9つある。このうち7州は南部に位置する州であり，南部地域の保守色の強さが際立つ。それに対してリベラル色が比較的強い地域としては首都ワシントンD.C.のほかマサチューセッツやニューヨークなど北東部に位置する州がある。

次に党派心（政党帰属意識）の分布について見てみる。1950年代の全国調査による投票行動研究を行い，古典的な投票行動理論を提示したのはミシガン大学のグループである。このミシガングループが米大統領選の投票行動の規定要因として政党帰属意識（party identification）の重要性を指摘してから半世紀あまりが経つ（Campbell, Miller, Converse, and Stokes 1960）。彼らは，1950年代のアメリカ人有権者のおよそ4分の3が民主党か共和党のいずれかに帰属意識を抱いていることを重視し，それがアメリカの2大政党制を継続させる要因のひとつであると考えた。彼らは態度論的アプローチから投票行動理論を構築し，その理論は"ミシガンモデル"や"政党帰属意識モデル"などと呼ばれるようになるが，この理論に従えば，政党帰属意識は投票行動に対する最大の規定要因であり，各州投票者の政党帰属意識分布と選挙結果との相関関係は高いはずである。

[**表1-4**]には2008年の出口調査による各州の投票者の政党帰属意識分布を示す。民主党が共和党を上回っている州が33州，共和党が民主党を上回っている州が17州，同率が1州であり，民主党が優位

[表1-4] 各州の政治的態度(2) ―政党帰属意識―

	民主	共和	無党派	共和−民主
アラバマ	37	45	18	+8
アラスカ	20	37	43	+17
アリゾナ	32	39	30	+7
アーカンソー	36	32	31	-4
カリフォルニア	42	30	28	-12
コロラド	30	31	39	+1
コネチカット	43	27	31	-16
デラウェア	48	31	21	-17
D.C.	78	6	16	-72
フロリダ	37	34	29	-3
ジョージア	38	35	28	-3
ハワイ	45	20	34	-25
アイダホ	24	48	28	+24
イリノイ	47	28	26	-19
インディアナ	36	41	24	+5
アイオワ	34	33	33	-1
カンザス	26	49	25	+23
ケンタッキー	47	38	15	-9
ルイジアナ	42	38	21	-4
メイン	35	26	39	-9
メリーランド	51	28	21	-23
マサチューセッツ	43	17	40	-26
ミシガン	41	29	29	-12
ミネソタ	40	36	25	-4
ミシシッピ	40	45	15	+5
ミズーリ	40	34	26	-6
モンタナ	33	33	35	+0
ネブラスカ	29	48	22	+19
ネバダ	38	30	32	-8
ニューハンプシャー	29	27	45	-2

ニュージャージー	44	28	28	-16
ニューメキシコ	44	28	28	-16
ニューヨーク	50	26	25	-24
ノースカロライナ	42	31	27	-11
ノースダコタ	28	38	33	+10
オハイオ	39	31	30	-8
オクラホマ	41	44	14	+3
オレゴン	36	27	37	-9
ペンシルベニア	44	37	18	-7
ロードアイランド	42	16	42	-26
サウスカロライナ	38	41	20	+3
サウスダコタ	36	42	22	+6
テネシー	32	33	35	+1
テキサス	33	34	33	+1
ユタ	21	50	29	+29
バーモント	37	23	39	-14
バージニア	39	33	27	-6
ワシントン	36	26	39	-10
ウェストバージニア	48	34	19	-14
ウィスコンシン	39	33	29	-6
ワイオミング	26	52	22	+26

2008年出口調査による。出典：Todd and Gawiser 2009.

の州が多い。先に示した［**表1-2**］とあわせて考えると，イデオロギー分布では保守派優位の州がリベラル派優位の州よりも圧倒的に多い一方で，政党帰属意識に関しては民主党優位の州が共和党優位の州のおよそ2倍に上っている。なお，アメリカでは民主党員（Democrat）や共和党員（Republican）という語は，党費を納めるフォーマルな党員を意味せず，心理的な党への帰属意識を意味する（Abramson 1983）。

● ──── 各州の社会的・政治的性格

次に，各州の特徴を簡潔に記述する。州の順番はアルファベット順による。なお，州によっては [表1-2] から [表1-4] で取り上げられていない指標についても言及する。なお，アメリカの地図は [図1-1] を参照されたい。

アラバマ　白人割合は中位よりやや低く，所得は低位で，所得格差は大きい。信仰心は厚い。イデオロギー面では保守色が非常に強く，共和党員が民主党員よりもやや多く，無党派層が少ない。大統領選挙では共和党の強い典型的なレッドステート。

アラスカ　白人割合はやや低く，世帯所得は高い。所得格差は小さく信仰心は弱い。保守色が強く，共和党員が民主党員の2倍近くに上り，無党派層が多い。1959年に州となって以降の大統領選で民主党が勝利したのはジョンソンが地滑り的勝利を収めた1964年のみである。大統領選における共和党得票率から民主党得票率を差し引いた値の1992年から2008年までの5回の平均値は20%を超える「堅固なレッドステート」。2008年には同州知事のサラ・ペイリンが共和党の副大統領候補になったが，共和党得票率は2004年からほとんど変化しなかった。

アリゾナ　白人割合と所得ともに低位に位置する。所得格差はほぼ中位に位置し，信仰心はやや低めである。保守色がやや強く，共和党員が民主党員よりもやや多い。1952年以降の大統領選では1996年を除いて共和党が勝利したレッドステートだが，近年の大統領選に関する世論調査では民主党と共和党が接近しており，スウィングステートに移行しつつある。

アーカンソー　白人割合は中位に位置し，所得は低い。所得格差は

ほぼ中位に位置し，信仰心は高い。保守色が非常に強いが，党派心の面では民主党が共和党を若干であるが上回る。南北戦争後のレコンストラクション期から1964年までは民主党の牙城であったが，公民権法をきっかけとして，1968年には第3党候補のジョージ・ウォーレスを選出し，その後は共和党優位に移行している。アーカンソー州知事を務めたビル・クリントンが出馬した1992年と1996年には民主党が選挙人を獲得したが，2000年以降の4回の選挙では共和党が連勝しており，南部のレッドステートのひとつ。

カリフォルニア 全米で最も人口が多く，選挙人数は全選挙人数（538人）の1割を超える55人を抱え，当選に必要な選挙人数270人の2割を占める。1972年以降では大統領選挙人が最も多い州となっている。白人割合は約4割であり，人種的マイノリティ比率はハワイ，D.C.に次いで高い。所得水準はほぼ中位に位置する。格差は大きい方であり，信仰心はやや弱い。保守，リベラルが拮抗しており，党派心では民主党員が共和党員を上回る。1952年から1988年まですべて共和党が勝利したが，1992年以降はブルーステートに移行した。

コロラド 白人割合はほぼ中位で，所得はやや高い。格差はほぼ中位に位置し，信仰心はやや弱い。保守色が強いが，党派心では民主党と共和党が拮抗している。2004年は共和党が制したが2008年は民主党が選挙人を獲得した。スウィングステートとして位置づけられる。

コネチカット 白人割合はほぼ中位，所得は高く，格差も大きい。信仰心は低めである。保守，リベラルは拮抗しており，民主党員が共和党員よりもかなり多い。ブルーステート。

デラウェア 白人割合はやや低め，所得はやや高めである。格差はやや小さめであり，信仰心はやや低い。保守，リベラルは拮抗しており，

民主党員が共和党員よりもかなり多い。1952年から2000年までは，デラウェアの勝者は常に全米での最多得票者であったが，2004年にそれが破られ，ケリーが選挙人を獲得した。

D.C. 首都ワシントン。住民に占める白人の割合は3分の1にとどまる。黒人住民が約半分を占め，その割合は他の50州と比較して最も高い。所得水準は最も高く，また所得格差も最も大きい。信仰心はやや低めであり，政治志向はリベラル色が非常に強く，民主党支持者が圧倒的に多い。大統領選では，選挙人が割り当てられた1964年以降，一貫して民主党が強い。2008年選挙ではオバマとマケインの得票比はじつに10対1の大差であった。

フロリダ 白人割合はやや低く，ヒスパニック割合が高い州。所得は低い方に位置するが，格差は大きい。信仰心はほぼ中位に位置する。保守色が強く，党派心は民主・共和が拮抗している。フロリダは他の南部諸州と同様に南北戦争期から1948年選挙までは民主党が優位であった。しかし，その後は究極の接戦州という位置づけとなる。集計問題で大揺れに揺れた2000年，および2004年はともに共和党が取ったが，この州を落としていれば結果が逆転して民主党が勝っており，文字通りキーステートとして位置づけられる。共和党がやや優位だが，2008年は民主党が制した。2012年には大統領選挙人数がニューヨークと並ぶ29人となり，カリフォルニア，テキサスに次ぐ第3位となっている。

ジョージア 白人割合，所得は低位に位置し，格差は大きい。黒人割合が高い州である。信仰心は高く，保守色が強く，党派心は民主・共和が拮抗している。南北戦争期から1960年まではブルーステートであったが，公民権問題をきっかけに民主党離れを起こした。しかし，

民主党が南部の候補者を指名した1976年，1980年，1992年には民主党が選挙人を獲得している。白人割合が減少傾向にあることから将来はスウィングステートに移行する可能性があり，2016年選挙では同州をスウィングステートに位置付けるメディアが多かった。

ハワイ　白人割合は50州の中で最も低く，アジア系住民やネイティブハワイアンが多い。所得は高い方に位置するが，生活コストが最も高い州でもある。信仰心はやや低めで，保守，リベラルは拮抗しており，民主党員が共和党員よりもかなり多い。大統領選における民主党得票率から共和党得票率を差し引いた値の1992年から2008年までの5回の平均値は20%を超える「堅固なブルーステート」。

アイダホ　白人割合が高く，黒人割合は1%に満たない。所得は低く，格差は小さい。信仰心はほぼ中位に位置する。保守色が非常に強く，共和党員が多い。大統領選における共和党得票率から民主党得票率を差し引いた値の1992年から2008年までの5回の平均値は20%を超える「堅固なレッドステート」。

イリノイ　白人割合はやや低めに位置する。所得，格差はやや高め，信仰心はほぼ中位に位置する。やや保守色が強いが，民主党員の割合が共和党員の割合を大きく上回る。南北戦争後から1920年代までは共和党優位であったが，その後1948年選挙まで民主党優位となり，それから再び共和党優位となる。しかし1990年代以降はブルーステートに移行している。

インディアナ　白人割合と信仰心はやや高め。所得と格差はやや低めである。保守色が強いが，党派心の分布は拮抗している。歴史的にみれば共和党が優位であったが，2008年は民主党が1964年のジョンソン以来の選挙人を獲得した。

アイオワ 白人割合は高く，所得はほぼ中位。格差は比較的小さく，信仰心はやや高め。保守色が強いが，党派心の分布は拮抗している。1984年以前は，アイオワは他の中西部の諸州と同様に共和党優位であったが，その後は両党が伯仲するスウィングステートに移行している。

カンザス 白人割合はやや高めで，所得は中位。格差はやや小さめで，信仰心はやや高め。保守色が強く，党派心の分布は共和党が民主党を大きく上回る。1964年以降のすべての選挙で共和党が選挙人を獲得している。

ケンタッキー 白人割合は高い。所得はやや低く，格差は大きい。信仰心は高めである。保守色が強いが，党派心の分布は民主党が共和党を上回る。地理的にはディープサウスではないが，政治色はディープサウスに類似している。第二次大戦期までは民主党優位であったが，その後は共和党優位となっている。ただし，民主党の候補が南部から出た1976年，1992年，1996年は民主党が選挙人を獲得している。レッドステート。

ルイジアナ 白人割合，所得はやや低めで格差は大きい方である。黒人割合は，ワシントンD.C.，ミシシッピに次ぐ3番目の高さである。信仰心は高い。保守色が強いが，党派心の分布は拮抗している。第二次大戦期までは民主党優位であったが，その後は共和党優位となっている。ただし，民主党の候補が南部から出た1976年，1992年，1996年は民主党が選挙人を獲得している。

メイン 白人割合はすべての州のなかで最も高い。所得はほぼ中位で格差は小さく，信仰心は低い。ただ，2000年から2010年の間で白人を除くマイノリティの人口は66％増加した。保守，リベラルは拮抗しており，党派心の分布では民主党が共和党を上回る。南北戦争から

1980年代までは共和党優位であったが，ここ20年間は民主が強いブルーステートである。

メリーランド　白人割合は低く，所得はトップクラスである。格差はやや小さめであり，信仰心はほぼ中位に位置する。中道層が半数を占め，保守，リベラルは拮抗している。民主党員が半数を占め，共和党を大きくリードしている。南北戦争期から1956年までは共和党優位であったが，その後は民主党が優位となっている。

マサチューセッツ　白人割合はほぼ中位。所得，格差ともに高く，信仰心は低い。リベラル色が強く，民主党員の割合が共和党員のそれを大きく上回る。1928年以降の大統領選で共和党が勝ったのは1952年，1956年，1980年，1984年の4回だけである。大統領選における民主党得票率から共和党得票率を差し引いた値の1992年から2008年までの5回の平均値は20％を超える「堅固なブルーステート」。

ミシガン　白人割合，格差，信仰心ともにほぼ中位に位置する。保守派の割合がリベラル派をやや上回るが，党派心分布では民主党がかなり優位である。1992年以降2012年まで，すべて民主党が勝っているが，近年では選挙キャンペーン中にはスウィングステートに位置付けられるようになってきた。

ミネソタ　白人割合と所得は高めで，格差はやや小さいほうに位置する。信仰心はやや高め。保守，リベラルは拮抗しており，党派心も拮抗している。1860年から1920年代までは共和党の牙城であったが，ニューディール期以降はブルーステートに移行している。

ミシシッピ　白人割合は低く，所得は下から2番目に位置する。黒人割合はD.C.に次いで高い。格差は大きく，信仰心は全米第1位である。南部の典型的な州といえる。保守層の割合は50州中トップだが，

党派心の分布は拮抗している。黒人が合衆国市民として法律上平等な地位を得ることを目指した公民権運動が活発化する前までは民主党の牙城であったが，1968年以降は共和党優位となり，それ以降で民主党が勝ったのは1976年のカーターのみある。

ミズーリ　白人割合はやや高く，所得はやや低い。格差は中位で信仰心はやや高い。保守色が強いが，党派心分布では民主党が共和党をやや上回る。2004年，2008年ともに共和党が選挙人を獲得したが，近年，2大政党間の支持は拮抗しており，スウィングステートのひとつになっている。

モンタナ　白人割合が高く，黒人割合は全米で最も少ない。所得はやや低位で格差はやや低め。信仰心はやや低い。保守色が強いが，党派心分布は拮抗している。レッドステート。

ネブラスカ　白人割合は高い方であり，所得は中位。格差は低めであり，信仰心は高い方に位置する。保守色が強く，党派では共和党順位。大統領選における共和党得票率から民主党得票率を差し引いた値の1992年から2008年までの5回の平均値は20％を超える「堅固なレッドステート」。州議会で唯一，一院制を採用している。

ネバダ　白人割合は低く，所得・格差はやや高め。信仰心は低い。保守色が強いが，党派心分布では民主党が共和党をやや上回る。2004年は共和党が取ったが，2008年は民主党が取っており，スウィングステートに位置付けられる。

ニューハンプシャー　白人割合は高く第4位に位置する。所得は高く，格差は低い。信仰心も低い。白人割合は高いが，2000年から2010年の間で白人を除くマイノリティの人口は67.5％増加した。この増加率は全米50州のなかで最も高い。保守，リベラルは拮抗しており，党派

心も拮抗している。基本的にブルーステートだが,スウィングステートに位置付けられることもある。

ニュージャージー 白人割合はやや低めに位置し,所得は高く,格差は大きい方に位置する。信仰心はやや低め。中道層が半数を占め,保守,リベラルは拮抗している。民主党員の割合が共和党員のそれを大きく上回る。長い間,スウィングステートとして位置づけられてきたが,1990年代以降は民主党が強くなっている。

ニューメキシコ 白人割合がカリフォルニア州とほぼ同水準で低く,ヒスパニック系住民の割合が全米一高い州である。所得は最下位で格差は大きい。信仰心はほぼ中位に位置する。保守色が強いが,党派心分布では民主党が共和党を大きく上回る。スウィングステートからブルーステートに移行しつつある。

ニューヨーク 白人割合はやや低めであり,所得は高い方に位置する。格差は全米第2位であり,信仰心はやや低い。ややリベラル色が強く,民主党員の割合が共和党員のそれを大きく上回る。大統領選における民主党得票率から共和党得票率を差し引いた値の1992年から2008年までの5回の平均値は20%を超える「堅固なブルーステート」。なお,ニューヨーク州は1960年代までは大統領選挙人の割り当て数が最大の州であったが,1970年代にその座をカリフォルニア州に明け渡し,2004年以降はテキサスにも抜かれた。

ノースカロライナ 白人割合,所得はやや低く,所得格差は大きい方に位置する。信仰心は高い。政治的イデオロギーに関しては保守色が強いが,党派心の分布では民主党が共和党を上回る。レーガンが初当選をした1980年からブッシュJr.が再選を果たした2004年まで7回連続で共和党が選挙人を獲得したが,2008年には民主党がわず

か0.3ポイント差という僅差で32年ぶりに制した。近年の大統領選挙キャンペーンに際しては，どちらに転ぶかわからないスウィングステートに位置づけられることが多い。

ノースダコタ　白人割合は高い。所得はやや高めに位置し，格差は低めである。信仰心は高い。保守色が強いが，党派心の分布は共和党がやや高い。長期間にわたるレッドステートである。

オハイオ　白人割合はやや高い方に位置し，所得，格差，そして信仰心は平均的なレベルである。イデオロギー態度では保守色が強いが，党派心分布では民主党が共和党をやや上回る。長い間，スウィングステートとして位置づけられ，「オハイオを制する者は大統領選を制する」とまでいわれてきた。

オクラホマ　白人割合はほぼ中位。所得は低く，格差は中位。信仰心は高い。1948年までは民主党の牙城であったが，その後はレッドステートに移行。大統領選における共和党得票率から民主党得票率を差し引いた値の1992年から2008年までの5回の平均値は20％を超える「堅固なレッドステート」のひとつである。

オレゴン　白人割合はやや高めで，所得，格差はほぼ中位。信仰心は低い。保守色が強いが，党派心では民主党が共和党を上回る。長い間レッドステートであったが，1988年以降はブルーステートに移行しているほか，1992年と1996年にはロス・ペローに対する支持も高く，第3党候補に対する支持が比較的高い州でもある。

ペンシルベニア　白人割合はやや高い。所得，格差とも，信仰心はほぼ中位に位置する。保守，リベラルは拮抗しており，党派心では民主党がやや優位である。ブルーステートだが，スウィングステートに位置づけられることもある。民主党はトルーマンがデューイを破った1948

年以降では，ペンシルベニアを落として大統領選を勝ったことがなく，2016年選挙では僅差で共和党が制してトランプ当選に大きく寄与した。

ロードアイランド　白人割合はほぼ中位。所得，格差ともに高い方に位置する。信仰心は低い。中道層が半数を占め，保守，リベラルは拮抗している。民主党員の割合が共和党員のそれを大きく上回る。大統領選挙でも1928年以降で共和党が選挙人を獲得したのはアイゼンハワーの1952年と1956年，そして現職のニクソンとレーガンが地滑り的勝利を果たした1972年と1984年の計4回にとどまる。大統領選における民主党得票率から共和党得票率を差し引いた値の1992年から2008年までの5回の平均値は20%を超える「堅固なブルーステート」である。

サウスカロライナ　白人割合，所得はやや低め。格差はやや大きい方に位置し，信仰心は高い。保守色が非常に強いが，党派心は拮抗している。他の南部諸州と同様に1960年代初頭までは民主党の牙城であったが，公民権問題を機にレッドステートに移行した。

サウスダコタ　白人割合は高く，所得はほぼ中位。格差はやや低めで信仰心は高い。保守色が強く，党派心ではやや共和党が優位である。ノースダコタと同様に長期間にわたるレッドステートである。

テネシー　白人割合は中位に位置し，所得は低い。格差は大きく，信仰心も高い。保守色が非常に強いが，党派心は拮抗している。18世紀後半のレコンストラクション期から第二次大戦後までは民主党の牙城であったが，その後はレッドステートに移行している。

テキサス　カリフォルニアに次ぐ人口を抱える州。近年では人口増加が著しく，2012年から選挙人数が4名増加されて38人になり，最大州のカリフォルニア（55人）との差が縮小した。白人割合と所得は中位に位置し，所得格差は大きい。保守色が非常に強いが，党派心は拮抗

している。信仰心は高く，レッドステートに位置付けられるが，ヒスパニック人口が急激に増加しており，近い将来，スウィングステートになる可能性がある。歴史的には，南北戦争期から1976年までは民主党が強かったが，1980年以降は共和党の牙城となっている。レッドステートに移行した原因のひとつにブッシュ家の影響を指摘することができる。ブッシュ父子は1980年から2004年までの期間では，1996年を除いて，ブッシュ父子のいずれかが候補者となっており，共和党に有利な状況にあったことが挙げられる。しかし，人口学的な変化とブッシュの影響力の低下により，今後スウィングステートに移行するのではないかとの見方もある。カリフォルニアに次ぐ選挙人数を抱えるテキサスがスウィングステートに移行することは，共和党にとって「悪夢のシナリオ」である(Todd and Gawiser 2009)。

ユタ　白人割合は高い方であり，所得はやや低め，ジニ係数は最下位に位置する。信仰心は非常に高く，モルモン教の牙城である。保守色が非常に強く，共和党員の割合が民主党員のそれを大きく上回る。大統領選における共和党得票率から民主党得票率を差し引いた値の1992年から2008年までの5回の平均値は30%を超え，全米で最も共和党の強い州といえる。

バーモント　白人割合はかなり高い。所得は中位，格差はやや低めで，信仰心は最下位である。リベラル色が強く，党派心においても民主党が優位である。1856年から1988年までの間は共和党が強かったが，1992年以降はブルーステートに移行している。大統領選における民主党得票率から共和党得票率を差し引いた値の1992年から2008年までの5回の平均値は20%を超える「堅固なブルーステート」。

バージニア　白人割合はやや低め。所得は高く，格差はほぼ中位。

信仰心はやや高め。保守色が強いが、党派心分布では民主党が共和党をやや上回る。2004年は共和党、2008年は民主党が制しており、スウィングステートとして位置づけられる。

ワシントン　西海岸北部に位置する州。白人割合は中位に位置し、所得はやや高め、格差、信仰心はやや下位に位置する。保守、リベラルは拮抗しており、党派心分布においては民主党が優位である。かつてはスウィングステートであったが、近年はブルーステートとなっている。

ウェストバージニア　白人割合は全米で3番目に高く、9割を超える。所得は低めで格差はほぼ中位。信仰心も中位。保守色が強いが、党派心分布においては民主党が優位である。大統領選挙では、1996年までは民主党が強かったが、近年はレッドステートになっており、2008年のオバマはウェストバージニアを落としながらも大統領選に勝利したが、民主党でこのケースとなったのは1912年のウッドロー・ウィルソン以来のことであった。

ウィスコンシン　白人割合は高く、所得、信仰心はほぼ中位。格差は小さい。保守色がやや強いが、党派心分布では民主党が共和党をやや上回る。民主党が優勢なブルーステートだが、スウィングステートに位置づけられてきており、2016年選挙では僅差で共和党が勝利したが、その後、再集計を求める動きも起きた。

ワイオミング　白人割合は高く、黒人割合は1％に満たない。所得はほぼ中位で格差は小さい。信仰心はやや低め。保守色が強く、党派心では共和党が民主党を大きく上回る。大統領選における共和党得票率から民主党得票率を差し引いた値の1992年から2008年までの5回の平均値は20％を超えた。ユタ、アイダホと共にロッキー山脈地域における「堅固なレッドステート」。

[図1-2] 民主党候補への投票（人種・民族別）

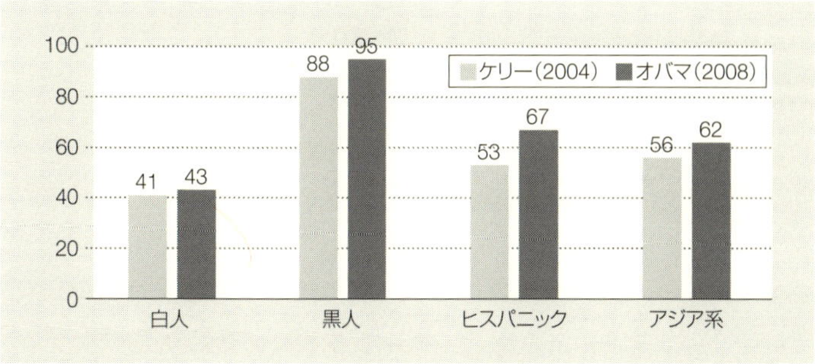

	ケリー(2004)	オバマ(2008)
白人	41	43
黒人	88	95
ヒスパニック	53	67
アジア系	56	62

出典：CNN 2008.

3　人種投票の変化

　次に，人種という観点から分解して考える。[図1-2]に，全国出口調査から2004年と2008年における人種別の投票行動を示す。2004年と比べて2008年選挙では，白人，黒人，ヒスパニックのいずれにおいても民主党候補に投票したとする投票者のパーセンテージが増加しているが，その増加率については人種によって異なっている。黒人では＋7ポイント，ラティーノでは＋14ポイント，アジア系では＋6ポイントであったのに対して，白人では2ポイントの増加にとどまっている。2008年選挙では，白人とその他の人種的マイノリティとの差が拡大しており，人種投票は低下しているどころか，増大していた。

　ただ，同じ白人でも州によって投票行動は大きく異なる。次に，2004年と2008年における白人の投票行動に関する出口調査データから州別に検討を加えてみよう（[表1-5]）。出口調査における州別の白

[**表1-5**] 2004年と2008年における白人の投票行動

州	ケリー	ブッシュ	オバマ	マケイン	民主変化	共和変化
アラバマ	19	80	10	88	-9	+8
アラスカ	33	64	33	65	0	+1
アリゾナ	41	59	40	59	-1	0
アーカンソー	36	63	30	68	-6	+5
カリフォルニア	47	51	52	46	+5	-5
コロラド	42	57	50	48	+8	-9
コネチカット	51	48	51	46	0	-2
デラウェア	45	55	53	45	+8	-10
D.C.	80	19	86	12	+6	-7
フロリダ	42	57	42	56	0	-1
ジョージア	23	76	23	76	0	0
ハワイ	58	42	70	27	+12	-15
アイダホ	29	69	33	65	+4	-4
イリノイ	48	51	51	48	+3	-3
インディアナ	34	65	45	54	+11	-11
アイオワ	49	50	51	47	+2	-3
カンザス	34	64	40	59	+6	-5
ケンタッキー	35	64	36	63	+1	-1
ルイジアナ	24	75	14	84	-10	+9
メイン	53	45	58	40	+5	-5
メリーランド	44	55	47	49	+3	-6
マサチューセッツ	59	40	59	39	0	-1
ミシガン	44	54	51	47	+7	-7
ミネソタ	50	49	53	46	+3	-3
ミシシッピ	14	85	11	88	-3	+3
ミズーリ	42	57	42	57	0	0
モンタナ	39	58	45	52	+6	-6
ネブラスカ	33	66	39	59	+6	-7
ネバダ	43	55	45	53	+2	-2
ニューハンプシャー	50	49	54	44	+4	-5

ニュージャージー	46	54	49	50	+3	-4
ニューメキシコ	43	56	42	56	-1	0
ニューヨーク	49	50	52	46	+3	-4
ノースカロライナ	27	73	35	64	+8	-9
ノースダコタ	35	63	42	55	+7	-8
オハイオ	44	56	46	52	+2	-4
オクラホマ	29	71	29	71	0	0
オレゴン	50	50	57	40	+7	-10
ペンシルベニア	45	54	48	51	+3	-3
ロードアイランド	57	41	58	39	+1	-2
サウスカロライナ	22	78	26	73	+4	-5
サウスダコタ	37	61	41	56	+4	-5
テネシー	34	65	34	63	0	-2
テキサス	25	74	26	73	+1	-1
ユタ	24	73	31	66	+7	-7
バーモント	58	40	68	31	+10	-9
バージニア	32	68	39	60	+7	-8
ワシントン	52	46	55	42	+3	-4
ウェストバージニア	42	57	41	57	-1	0
ウィスコンシン	47	52	54	45	+7	-7
ワイオミング	28	70	32	66	+4	-4
平均	40.53	58.31	43.51	54.63	2.98	-3.69
中央値	42	57	45	54	+3	-4
最大値	80	85	86	88	+12	+9
最小値	14	19	10	12	-10	-15
標準偏差	12.11	12.12	14.18	14.40		

出典：Todd and Gawiser 2009. 平均〜標準偏差は筆者算出。

人の民主党候補へ投票した人のパーセンテージの標準偏差は2004年から2008年にかけて上昇しており，共和党に関しても同様に上昇している。つまり，2004年に比して2008年には，白人の投票行動に関する州によるバラツキが大きくなっており，たとえば2008年選挙で共和党に投票した白人の割合についてみると，アラバマ州の白人投票者では88％にのぼるのに対して，ワシントンD.C.ではそれがわずか12％にすぎない。くわえて，最大値と最小値との差に関しても2008年に拡大している。たとえば，民主党に投票した白人の割合は，2004年には14～80％のレンジにあったが，2008年には10～86％に広がっている。これは，黒人割合の高い南部で白人の民主党離れが生じたのに対して，黒人割合の低い州では，白人のなかで民主党に票を投じた者のパーセンテージが上昇したケースが多いことから生じたものである。民主党へ投票する者の割合の減少幅が大きかったのはアラバマ，アーカンソー，ルイジアナといった人口に占める黒人割合の高い南部の州であった。オバマという黒人系の大統領候補の登場は，人種投票を増大させており，人種政治(racial politics)の終焉を意味するものでは決してなかった(Kinder and Dale-Riddle, 2012)。

註

*1 ─── 地域別の宗教組織への加入率は南部で最も高く，北東部で最も低い（Wilson, Ward, Spink, and Rodriguez 2008）。また，南部諸州のうち，アラバマ，ジョージア，ルイジアナ，ミシシッピ，サウスカロライナの5州を"ディープサウス"といい，アーカンソー，フロリダ，ノースカロライナ，テネシー，テキサス，バージニアを"周縁州(peripheral states)"という(Rhodes 2000)。

第2章 揺らぐ? 共和党の牙城
―南部政治の展開―

日本人の多くにとって，アメリカの南部という地域は，北東部や西海岸と比べて，なじみが薄い地域である。南部といえば，1963年にケネディ大統領がテキサス州ダラスで暗殺されたこともあり，漠然と"怖い"地域であるというイメージを抱いている人もいるかもしれない。南部地域にあるサウスカロライナ州のチャールストンという都市はアメリカ人にとって非常に人気の高い観光地であるが，そこを訪れる日本人観光客は少ない。

　しかし，大統領選挙を米国内の地域別の観点から考えると，20世紀の後半以降，南部地域の存在感はしだいに増している。この半世紀の間は南部出身の大統領も増え，1976年から2008年選挙までの時期についてみると，レーガンとオバマを除いて南部のいずれかの州に州籍を置く者が大統領職を占めてきた。南部のいずれかの州に州籍を置いていた大統領としては，カーター（ジョージア州），ブッシュ親子（テキサス州），ビル・クリントン（アーカンソー州）がいる。ちなみに南部以外からの大統領の州籍については，レーガンがカリフォルニア州，オバマがイリノイ州である。また，1992年のブッシュ（父）対クリントンや2000年のブッシュ Jr.対ゴア（テネシー州）のように，南部籍同士が本選で戦ったこともある。

　ここ半世紀ほどのアメリカ政治で，南部は様々な意味で変化の著しい地域である。南部における人口や経済，党派心の変化は南部地域のみならず，全米の政治をも変えてきたといってよい。黒人公民権運動の時期までは，南部は"堅固な南部"(Solid South)として，地方レベル，州レベル，国レベルのいずれにおいても民主党が圧倒的に強く，いわば民主党の牙城であった。そして，こと南部地域では共和党の連邦議会議員はほとんど存在せず，この地域に限ると2党制とはいえない

状況が続いていた。しかし，1960年代の公民権運動をきかけとして，南部における民主党の牙城は崩壊に向かい，次第に共和党の牙城へと変わっていく。この変化は，アメリカ政治史のなかで最も劇的な政治変動のひとつであったといってよい。そして，1960年ごろにはほとんど存在しなかった南部の共和党所属の連邦議会議員に関しては，その後長期にわたって増加するトレンドを示し，1990年代に入ると上下両院ともに過半数を占めるまでに至った。1990年代以降，南部における民主党の優位性は完全に崩壊したといえる(Bullock Ⅲ 2014a)。

さて，そのような共和党の牙城である南部も，21世紀に入り，共和党の地盤を弱める社会変動に見舞われている。それは急増する人口と，白人人口比率の低下，すなわちマイノリティ人口比率の上昇という変化である。すでにいくつかの州では，堅い共和党州（レッドステート）から2大政党の拮抗州（スウィングステート）へと移行している。また，この先，スウィングステートに移行する可能性がある州もいくつかみられる。

1　国勢調査による南部人口の動態と定数配分の変化

最初に，アメリカ南部という場合，具体的にどの地域を指すのかについて触れておこう。まず，合衆国センサス局(U.S. Census Bureau)による地域分類を紹介しよう。合衆国センサス局の分類によると，南部はさらに次の3つの区分がなされ，南部大西洋諸州（South Atlantic States），東南中央諸州（East South Central States），および南西中央諸州（West South Central States）から構成される。南部大西洋諸州に属するのは，ノースカロライナ，サウスカロライナ，ジョージア，フロリダ，バー

[図2-1] アメリカ南部

ジニア, ウェストバージニア, メリーランド, デラウェアの8州とワシントンD.C.である。東南中央諸州に属するのは, ケンタッキー, テネシー, ミシシッピ, アラバマの4州である。そして南西中央諸州に属するのは, オクラホマ, アーカンソー, テキサス, ルイジアナの4州である。これら3地域を合わせると, 南部は計16州とワシントンD.C.から構成されることになる。

合衆国統計局では, 南部のほか, 北東部, 中西部, 西部の4地域に区分しているが, 北東部に属する州は9州(メイン, ニューハンプシャー, バーモント, マサチューセッツ, ロードアイランド, コネチカット, ニューヨーク, ペンシルベニア, ニュージャージー), 中西部に属する州は12州(ミシガン, オハイオ, インディアナ, イリノイ, ウィスコンシン, ミネソタ, アイオワ, ミズーリ, カンザス, ネブラスカ, サウスダコタ, ノースダコタ), 西部に属する州が13州(ネバダ, ユタ, コロラド, アリゾナ, ニューメキシコ, ワイオミング, モンタナ, アイダホ, カリフォ

[表2-1] 地域別人口

地域	2000年	2010年	人口変動	変動率	2000年割合	2010年割合
北東部	53,594,378	55,317,240	1,722,862	3.2%	19.0%	17.9%
中西部	64,392,776	66,927,001	2,534,225	3.9%	22.9%	21.7%
南部	100,236,820	114,555,744	14,318,924	14.3%	35.6%	37.1%
西部	63,197,932	71,945,553	8,747,621	13.8%	22.5%	23.3%
米国全体	281,421,906	308,745,538	27,323,632	9.7%	100.0%	100.0%

U.S. Census Bureau.

ルニア, オレゴン, ワシントン, アラスカ, ハワイ) となっている。したがって, 合衆国統計局の基準にしたがえば, 南部に最も多くの州が属していることになる。

　序章でも触れたアメリカの国政に関する政治制度と人口との関係について述べると, 各州一律に2名の議員定数となっている上院は人口変動が影響を与える余地はない。それに対して, 10年に一度の国勢調査により各州への議員数の割り当てが見直される下院, および上下両院議員合計数で大統領選挙人団を構成する大統領選挙に関しては, 人口変動は影響を及ぼす。そこで, 最近2回 (2000年, 2010年) の国勢調査の結果について触れておきたい。

　[表2-1] に, 2000年と2010年の地域別人口について示す。2000年から2010年までの10年間にアメリカの総人口は2732万人増加し, 2010年には3億人台に達している。4つの地域別にみると, 人口変動が比較的大きい地域は南部と西部, それが比較的小さい北東部と中西部という2つに分けることができる。ここで考察の対象とする南部は14.3%の人口増加率であり, 4ブロックで最も高い人口増加率を示し, この10年間で1400万人あまり増加している。アメリカの人口全

[図2-2] 大統領選挙人総数に占める南部の割合

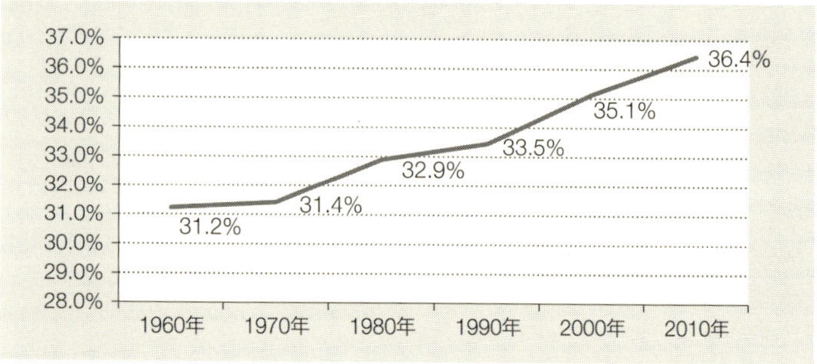

- 1960年: 31.2%
- 1970年: 31.4%
- 1980年: 32.9%
- 1990年: 33.5%
- 2000年: 35.1%
- 2010年: 36.4%

＊横軸は国勢調査基準年。

体に占める南部人口のパーセンテージは2010年には37.1%であり、4ブロックのなかで最大の人口を擁する。2000年と2010年を比較すると、北東部と中西部の占める割合が減少し、南部と西部の占める割合が増大していることがわかる。

● ─── 大統領選挙人数の変化

次に、10年に一度、国勢調査の結果によって見直される各州への大統領選挙人割り当てについて取り上げる。各州選挙人数は各州の上院議員数一律2名に、人口比例で配分される下院議員数を加えた数であるため、下院議員割り当て数の変動分が変化する。1960年の国勢調査に基づく選挙人配分では、南部の合計選挙人数は168人、選挙人全体に占めるパーセンテージは31.2%であった。その後、南部の選挙人総数は増加を続け、2010年国勢調査を基準とした2012年選挙では196人となり、全体に占める割合は36.4%となった（[図2-2]参照）。他の3地域については、北東部と中西部はこの50年間で選挙

[表2-2] マイノリティ人口

地域	2000年	2010年	人口変動	変動率	2000年割合	2010年割合
北東部	14,267,116	17,309,146	3,042,030	21.3%	16.4%	15.5%
中西部	12,006,645	14,830,368	2,823,723	23.5%	13.8%	13.2%
南部	34,309,026	45,849,282	11,540,256	33.6%	39.5%	41.0%
西部	26,286,345	33,939,190	7,652,845	29.1%	30.3%	30.3%
米国全体	86,869,132	111,927,986	25,058,854	28.8%	100.0%	100.0%

U.S. Census Bureau.

人総数が減少し，西部では増加した。この傾向は今後も続いていくと考えられる。なお，全米の州ごとの割り当て選挙人数の変化については，第4章の[表4-1]を参照されたい。

● ─── **増大するマイノリティ人口**

　人種・民族の観点からアメリカ人口を，白人とそれ以外のマイノリティ（黒人，ヒスパニック，アジア系，他の民族，混血）という二分法で人口変動を検討すると，この10年間で白人人口は1.2%の増加にとどまったのに対し，マイノリティ人口は28.8%の増加率を示した。[表2-2]に示すように，マイノリティ人口は2000年にはおよそ8686万人であったのが，2010年には1億1192万人へと大きく増加している。マイノリティ人口は4ブロックのいずれにおいても顕著に増加しているが，最も増加率が高かったのが南部である（33.6%）。そして全米のマイノリティのうちのおよそ4割が南部に居住している。

　[表2-2]には示していないが，南部総人口に占めるマイノリティの比率は，2000年には34.2%であったのが，2010年には40.0%に増加し，そのパーセンテージは西部（47.2%：2010年）に次いで高い。そして，マ

イノリティのなかで最も注目されるのがヒスパニック人口の動向である。この10年間でのヒスパニック人口の増加率は全米で43.0%増であり，ヒスパニックが人口に占めるパーセンテージは2000年の12.5%から2010年には16.3%に上昇した。南部地域ではさらに増加が著しく，増加率は57.3%にも上り，このパーセンテージは4地域のなかで最も高くなっている。

2　ディープサウスと周縁南部の人口および選挙結果の動向

　すでに述べたように，合衆国統計局による定義によれば，南部とは16の州およびワシントンD.C.をも含む広範なエリアを指す。しかし，近年の南部政治に関する著作をみると，南部とはディープサウス（Deep South）とリムサウス（Rim South）あるいはペリフェラルサウス（Peripheral South）と呼ばれる"周縁南部"の計11州から構成されるとされている。ディープサウスは，アラバマ，ジョージア，ルイジアナ，ミシシッピ，サウスカロライナの5州から構成され，周縁南部はアーカンソー，フロリダ，ノースカロライナ，テネシー，テキサス，バージニアの計6州から構成される。したがって，ここからは，南部という場合，これら11州を含む地域を指すことにする。

　したがって，南部11州の人口動態および人種構成について検討を加える。[**表2-3**]には人口動態を示す。まず，人口については，この11州のなかには2010年人口で2500万人を超えるテキサスから，約300万人のミシシッピやアーカンソーまである。人口増加率に関してもかなりバラツキがみられ，20%前後のテキサス，ノースカロライナ，

[表2-3] 南部11州の人口動態

州	人口 2000年	人口 2010年	人口変化	増加率
ディープサウス				
アラバマ	4,447,100	4,779,736	332,636	7.5%
ジョージア	8,186,453	9,687,653	1,501,200	18.3%
ルイジアナ	4,468,976	4,533,372	64,396	1.4%
ミシシッピ	2,844,658	2,967,297	122,639	4.3%
サウスカロライナ	4,012,012	4,625,364	613,352	15.3%
周縁南部				
アーカンソー	2,673,400	2,915,918	242,518	9.1%
フロリダ	15,982,378	18,801,310	2,818,932	17.6%
ノースカロライナ	8,049,313	9,535,483	1,486,170	18.5%
テネシー	5,689,283	6,346,105	656,822	11.5%
テキサス	20,851,820	25,145,561	4,293,741	20.6%
バージニア	7,078,515	8,001,024	922,509	13.0%

U.S. Census Bureau.

ジョージア, フロリダといった州もあれば, ディープサウスのなかには, 増加率が低いルイジアナ, ミシシッピのような州もある。大まかに捉えて, 人口増加率が高い州ほど, 政治に関する変化も起きやすい潜在的可能性があるといえるだろう。

[表2-4] には, ここ50年間における南部11州の大統領選挙人数の変化を示す。さきに, 合衆国統計局の定義による南部地域の選挙人総数の増大について触れたが, あらためて南部11州についてその推移をみてみる。ディープサウスと周縁南部に分けて検討すると, ディープサウス地域全体の選挙人総数はここ50年間ほとんど変化していない。南東部の中心都市であるアトランタを州都とするジョージア州はこの

[表2-4] 南部11州の選挙人数の変化

	1960	1970	1980	1990	2000	2010	10−60
ディープサウス							
アラバマ	10	9	9	11	9	9	-1
ジョージア	12	12	12	13	15	16	+4
ルイジアナ	10	10	10	9	9	8	-2
ミシシッピ	7	7	7	7	6	6	-1
サウスカロライナ	8	8	8	8	8	9	+1
ディープサウス計	47	46	46	48	47	48	+1
周縁南部							
アーカンソー	6	6	6	6	6	6	0
フロリダ	14	17	21	25	27	29	+15
ノースカロライナ	13	13	13	14	15	15	+2
テネシー	11	10	11	11	11	11	0
テキサス	25	26	29	32	34	38	+13
バージニア	12	12	12	13	13	13	+1
周縁南部計	81	84	92	101	106	112	+31
11州計	128	130	138	149	153	160	+32
選挙人全体に占める%	23.8%	24.2%	25.7%	27.7%	28.4%	29.7%	

＊最上段は基準となった国勢調査実施年。

50年間に4人増えているが、反対にアラバマ、ルイジアナ、ミシシッピでは減少している。それに対して、周縁南部では選挙人数が大きく増加しており、1964年と68年選挙では81人であったのが、2012年選挙では112人となっている。

南部11州全体では、この50年間に選挙人総数は32人増加したが、その増加分の大半は"大票田"であるフロリダとテキサスの増加分である（これら2州の増加分は合わせて28人）。南部11州の合計選挙人数は、1960年センサスに基づく配分では、約24％であったのが、2010年国

[図2-3] "大票田"における選挙人割り当て数の推移

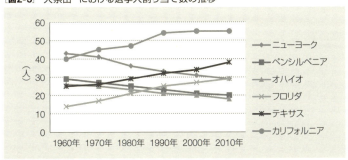

＊横軸は国勢調査基準年。

勢調査結果に基づく配分では約3割に上昇している。ここからわかるように、南部のなかでも周縁南部の割合が増大しており、この地域の重要性の高まりを指摘することができる。

[図2-3]には、大統領選挙で選挙人数の多い、いわゆる"大票田"州に関する選挙人数の推移を示す。1960年国勢調査に基づく最初の大統領選挙であった1964年選挙では、最も多くの選挙人を有していたのはニューヨーク州（43人）であったが、1970年国勢調査を基準とした1972年選挙では、カリフォルニア州にトップの地位を譲り、2000年国勢調査に基づく再配分の結果、ニューヨーク州はテキサス州にも追い抜かれた。ニューヨークと同様に減少傾向を続けているのは、同じ北東部のペンシルベニア州と代表的なスウィングステートで中西部に位置するオハイオ州である。

他方、南部のテキサスとフロリダの選挙人数は増加傾向にある。フロリダに関しては、2010年国勢調査に基づく割り当て選挙人は29人と

なりニューヨークに並んだ。考えてみれば，2000年選挙でフロリダが大統領選の勝敗の鍵を握ったという事実が，21世紀における南部の重要性を先取りした現象であったと考えることもできる。また，21世紀に入り，テキサスはカリフォルニアに次ぐ大票田となるばかりでなく，まだ差は大きいとはいえ，1990年代以降，選挙人数が横ばい傾向にあるカリフォルニアとの選挙人数の差が縮小傾向にあることも見逃せない。このように，大票田の州に限定しても，全米に占める南部地域の割合の増大がみてとれるのである。

　今後の南部の政治動向を考えるうえで最も重要な観点が人種構成の変化であろう。人口減少局面に突入した日本と違い，米国の人口は増加し続けている。先に［**表2-1**］および［**表2-2**］で示したように，2000年から2010年の間に米国全体の人口は2732万人増加したが，そのうちの2505万人は人種的マイノリティの増加によるものである。投票行動に関して，現状では人種的マイノリティは多数派である白人に比して民主党寄りの傾向がある。この傾向は社会的弱者といわれる層に民主党が手厚いという論理からだけでは説明できない。マイノリティの一角を占め，ヒスパニックと同様に人口が急増しているアジア系は，白人よりも失業率が低いにもかかわらず，失業率が高いヒスパニックと同様に民主党寄りであるからだ。この傾向が今後も継続することが予測されるとなると，それは白人票への依存度が高い共和党にとっては"構造的危機"といってよい。

　［**表2-5**］には，南部11州の人種構成に関する状況を示す。白人人口の割合については，テキサスではすでに5割を切っていることがまず注目される。テキサス州はすでに白人割合が5割を切ったカリフォルニアと同様の軌跡をたどっており，この人種構成の変化が今後の政

[表2-5] 南部11州の人種構成

州	2010 白人%	2010 マイノリティ%	2010 黒人%	2010 ヒスパニック%	白人人口変化率(00-10)	マイノリティ人口変化率(00-10)
ディープサウス						
アラバマ	67.0	33.0	26.2	3.9	+2.5	+19.2
ジョージア	55.9	44.1	30.5	8.8	+5.6	+39.8
ルイジアナ	60.3	39.7	32.0	4.2	-2.1	+7.4
ミシシッピ	58.0	42.0	37.0	2.7	-0.3	+11.5
サウスカロライナ	64.1	35.9	27.9	5.1	+11.7	+22.3
周縁南部						
アーカンソー	74.5	25.5	15.4	6.4	+3.5	+29.5
フロリダ	57.9	42.1	16.0	22.5	+4.1	+43.3
ノースカロライナ	65.3	34.7	21.5	8.4	+10.2	+37.9
テネシー	75.6	24.4	16.7	4.6	+6.5	+30.6
テキサス	45.3	54.7	11.8	37.6	+4.2	+38.6
バージニア	64.8	35.2	19.4	7.9	+4.4	+33.2

U.S. Census Bureau.

治に及ぼす影響も少なくないと考えられる。白人の割合が3分の2を超えているのは、周縁南部ではテネシー（75.6%）、アーカンソー（74.5%）の2州、ディープサウスではアラバマ（67.0%）のみであった。2000年から2010年の間の白人人口推移に関しては、ルイジアナとミシシッピの2州で減少しており、その他の州では増加している。増加率が比較的高いのはノースカロライナとサウスカロライナの2州である。とはいえ、これら2州における白人増加率は1割程度の水準にとどまっている。

それに対して、マイノリティ人口の増加率はとりわけ周縁南部地域で

[図2-4] 南部諸州の貧困率(2003年データ)

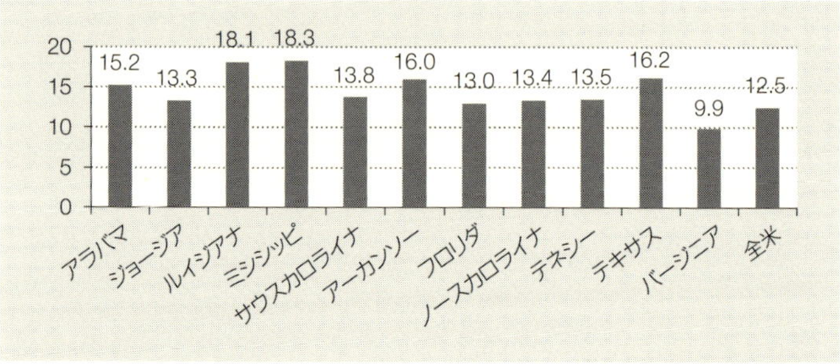

アラバマ 15.2、ジョージア 13.3、ルイジアナ 18.1、ミシシッピ 18.3、サウスカロライナ 13.8、アーカンソー 16.0、フロリダ 13.0、ノースカロライナ 13.4、テネシー 13.5、テキサス 16.2、バージニア 9.9、全米 12.5

出典:Cooper and Knotts 2008.

高く,そのレンジは29.5%(アーカンソー)〜43.3%(フロリダ)である。ディープサウス地域の諸州でのマイノリティ増加率にはかなりのバラツキがあり,そのレンジは,7.4%(ルイジアナ)〜39.8%(ジョージア)である。さきに述べたように,大統領選に及ぼす周縁南部のウェイトが高まりつつあることを考えると,この地域でのマイノリティ人口の増大は重視すべき現象といえよう。

　黒人人口の割合はディープサウスで高く,周縁南部では比較的低い。ディープサウス諸州での黒人割合のレンジは26.2%(アラバマ)〜37.0%(ミシシッピ)であるのに対して,周縁南部地域でのレンジは11.8%(テキサス)〜21.5%(ノースカロライナ)である。それに対して,ヒスパニック人口の割合に関しては,ディープサウス地域に比べて周縁南部地域の方が高い傾向がある。とりわけ選挙人数の多いテキサスとフロリダでその割合が高いことが注目に値する。ヒスパニック人口が急増しているという現状を見ると,周縁南部地域のマイノリティ人口は今後

も高い増加率を続けていくことが予想される。

　また，経済格差を表す指標として貧困率を取り上げると，バージニアを除く10州では，貧困率が全米の水準を上回っており，南部地域が全米のなかでも経済格差が大きい地域であることがわかる（[図2-4] 参照）。貧困率は特にルイジアナ，ミシシッピ，テキサス，アーカンソーで高い値を示し，次いで高いのがアラバマである。ジョージア，サウスカロライナ，フロリダ，ノースカロライナ，テネシーの5州の貧困率は全米をやや上回る水準になっている。

●───大統領選の結果──転換期としての1968年

　近年の大統領選挙について考える前に，なぜ1968年以降に南部がレッドステート化したのかについて考えてみたい。第二次世界大戦前から戦中期にかけてのフランクリン・ルーズベルト時代にさかのぼると，1930年代から40年代にかけて，南部全体での民主党得票率を低下させ，1940年代半ばには共和党はおよそ4分の1の得票率を挙げるようになっていた。

　南部11州の大統領選結果を過去にさかのぼると，1900年から1924年までは圧倒的に民主党が強く，1920年選挙を除いて南部全州を民主党が制していた。しかし，共和党のフーバーが勝利を収めた1928年選挙では，共和党はアーカンソーを除く周縁南部5州を制し，ディープサウス5州はすべて民主党が制した。そしていずれも民主党のフランクリン・ルーズベルトが勝利を収めた1932年選挙から1944年選挙までの連続4回の選挙では，政党支持基盤の再編，いわゆる「ニューディール連合」の結果として南部全州で民主党が勝利を収めた。しかしながら，民主党が南部で全勝したのは1944年選挙が最後

であり、ルーズベルトの後継のトルーマンが勝利を収めた1948年選挙では、民主党は南部で大分裂を起こし、南部の民主党右派は民主党の人種統合に関する政策に反対し、彼らがディキシークラット（Dixiecrat）と呼ぶ政党を立ち上げ、国政選挙レベルでの南部での堅固な南部（solid south）は崩壊する。アラバマ、ルイジアナ、ミシシッピ、サウスカロライナのディープサウス4州で選出された選挙人39名はトルーマンではなく、サウスカロライナ州知事であったストロム・サーモンドに投票し、同選挙では民主党は本格的な分裂選挙となったのであった（Rhodes 2000）。

他方、共和党側からすると、ブレークスルーは1952年選挙であった。同選挙で共和党は南部地域全体で52%の得票を挙げ、得票率において共和党のアイゼンハワーが民主党のスティーブンソンに肉薄する。そして、周縁南部6州のうちの4州（バージニア、テキサス、フロリダ、テネシー）で選挙人を獲得する。そして、サウスカロライナ、ノースカロライナ、ルイジアナではスティーブンソンに肉薄した（Trende 2013）。そして、次の1956年選挙では南部で49.8%の得票を挙げ、民主党票を0.9ポイント上回った。

1964年のゴールドウォーターは、アイゼンハワーが強かった周縁南部4州（テキサス、フロリダ、バージニア、テネシー）および1960年にニクソンが獲得したフロリダ、バージニア、テネシーを失った。その他の周縁南部地域であるアーカンソーとノースカロライナでも敗北したため周縁南部では全敗を喫した。とはいえ、ゴールドウォーターはディープサウスの全5州で勝利を収め、なかでもミシシッピでは87%という高得票率を獲得し、1960年選挙ではニクソンが42%の得票率であったアラバマでも69%の票を得た。また、ルイジアナとサウスカロライナは1950年代

[表2-6] 大統領選での南部各州の勝利政党, 1964-1972

	1964	1968	1972
ディープサウス			
アラバマ	共和	独立	共和
ジョージア	共和	独立	共和
ルイジアナ	共和	独立	共和
ミシシッピ	共和	独立	共和
サウスカロライナ	共和	共和	共和
周縁南部			
アーカンソー	民主	独立	共和
フロリダ	民主	共和	共和
ノースカロライナ	民主	共和	共和
テネシー	民主	共和	共和
テキサス	民主	民主	共和
バージニア	民主	共和	共和

にはスウィングステートの位置にあったが，60年代にはそうではなくなっていた。

[**表2-6**]にも示すように，1968年選挙ではアメリカ独立党（American Independent Party）で保守派のジョージ・ウォーレスが南部11州のうちの5州，ディープサウス5州のうちの4州で選挙人を獲得する。ディープサウス地域では，ウォーレスは民主票よりも共和票を食い，ウォーレスがとりわけ強かったアラバマとミシシッピでニクソンはわずか14%の票しか獲得できなかった（[**表2-7**]参照）。しかし，1964年には共和党が全滅した周縁南部諸州ではウォーレスは民主党の票をより多く奪い，その結果として共和党はフロリダ，ノースカロライナ，テネシー，バージニアの4州で勝利を収め，南部全体では64年の時と同じく5州を獲

[表2-7] 1968年と72年の得票率(%)

	1968			1972
	ニクソン	ウォーレス	計	ニクソン
アラバマ	14	66	80	72
ジョージア	32	43	75	75
ルイジアナ	23	48	72	65
ミシシッピ	14	64	78	78
サウスカロライナ	38	32	70	72
アーカンソー	31	39	70	69
フロリダ	41	29	69	72
ノースカロライナ	40	31	71	69
テネシー	38	34	72	68
テキサス	40	19	59	66
バージニア	43	24	67	68

得し，南部での民主党の凋落が顕著に表れた選挙となった。

　[表2-7]には保守票として捉えることが可能であるニクソンとウォーレスの2名が獲得した得票率の合計値も示すが，南部11州のうち8州でその合計得票率は7割を超えていた。そしてこの合計得票率と次の1972年選挙でニクソンが獲得した得票率とを比較すると，各州ともにかなり近いパーセンテージになっている。この1960年代から70年代初頭にかけて，南部は民主党の分裂，すなわち保守的な民主党員の離脱を経てブルーステートからレッドステートに移行した。

　[表2-8]には，1976年から2012年までの南部11州の大統領選挙結果（各州における大統領選挙人獲得政党）を示す。これら10回の大統領選のうち，共和党が10州以上で選挙人を獲得した年が5回ある。この5回はいずれも共和党候補が全米で勝利を収めた選挙であるが，そ

[表2-8] 大統領選における南部11州の結果：1976－2012

州	1976	1980	1984	1988	1992	1996	2000	2004	2008	2012
ディープサウス										
アラバマ	民	共	共	共	共	共	共	共	共	共
ジョージア	民	民	共	共	民	共	共	共	共	共
ルイジアナ	民	共	共	共	民	民	共	共	共	共
ミシシッピ	民	共	共	共	共	共	共	共	共	共
サウスカロライナ	民	共	共	共	共	共	共	共	共	共
周縁南部										
アーカンソー	民	共	共	共	民	民	共	共	共	共
フロリダ	民	共	共	共	民	共	共	共	民	民
ノースカロライナ	民	共	共	共	共	共	共	共	民	共
テネシー	民	共	共	共	民	民	共	共	共	共
テキサス	民	共	共	共	共	共	共	共	共	共
バージニア	共	共	共	共	共	共	共	共	民	民
共和党	1	10	11	11	7	7	11	11	8	9
民主党	10	1	0	0	4	4	0	0	3	2

のうちの前半の3回（1980年, 1984年, 1988年）は共和党候補が地すべり的圧勝を収めた選挙であるのに対して，2000年と2004年は辛勝の選挙であった。辛勝であった2000年と2004年に南部11州で全勝したという事実は，共和党にとってこの2回の選挙が"南部のおかげで勝てた"ことを表している。ちなみに2016年選挙では，バージニア以外はすべて共和党が制し，共和党側からすると10勝1敗という結果となった。

また，共和党から見た10回の大統領選（1976～2012年）での州別勝敗は，9勝1敗（4州）：アラバマ，ミシシッピ，サウスカロライナ，テキサス，8勝2敗（2州）：バージニア，ノースカロライナ，7勝3敗（4州）：ジョージア，ルイジアナ，アーカンソー，テネシー，6勝4敗（1

州):フロリダ,という結果となり,すべての州で共和党が勝ち越している。なお,ディープサウスの5州は,2000年以降,共和党が全勝している。

ジョージアとアーカンソーにおける民主党の3勝については,候補者要因が大きく関わっている。ジョージア州での1976年と80年における民主党の勝利は,同州出身で上院議員および知事を務めたジミー・カーターが民主党の大統領候補であったことが大きく影響している。アーカンソー州での1992年と96年選挙の民主党勝利については,同州出身で同州知事を務めたビル・クリントンが民主党大統領候補であったことが大きく影響している[*1]。また,テキサスに関してはブッシュ親子が大統領(候補)または副大統領候補として本選挙を戦ったケースが1980年以降で計6回あり,そのことが共和党の強さの要因になっている。

[**表2-9**]には,1992年から2012年までの共和党得票率から民主党得票率を引いた結果を示す。ほとんどの州で,クリントン時代,ブッシュ時代,オバマ時代の3つの時期に分けることができる。つまり,クリントンが当選した1992年と96年,ブッシュJr.が当選した2000年と2004年,そしてオバマが当選した2008年と2012年のそれぞれはおおむね近似した結果が出ている。したがって,92年と96年,00年と04年,および08年と12年の平均値も掲載した。クリントン時代の92年,96年平均値とブッシュJr.時代の2000年,04年平均値を比較すると,すべての州でクリントン時代よりもブッシュ時代に共和党が強くなっている。しかし,その差は州によってバラツキがあり,ビル・クリントンが知事を務めたアーカンソーやブッシュが知事を務めたテキサスではその差が大きい。

[表2-9] 得票率の差(共和－民主):1992-2012

州	1992	1996	2000	2004	2008	2012	92,96 平均	00,04 平均	08,12 平均
アラバマ	6.8	7.0	14.9	25.6	21.6	22.2	6.9	20.3	21.9
ジョージア	-0.6	1.2	11.7	16.6	5.2	7.8	0.3	14.2	6.5
ルイジアナ	-4.6	-12.1	7.7	14.5	18.6	17.2	-8.4	11.1	17.9
ミシシッピ	8.9	5.1	16.9	19.7	13.2	11.5	7.0	18.3	12.4
サウスカロライナ	8.1	6.0	15.9	17.1	9.0	10.5	7.1	16.5	9.8
アーカンソー	-17.7	-16.9	5.5	9.8	19.9	23.7	-17.3	7.7	21.8
フロリダ	1.9	-5.7	0.0	5.0	-2.8	-0.9	-1.9	2.5	-1.9
ノースカロライナ	0.8	4.7	12.8	12.4	-0.3	2.0	2.8	12.6	0.9
テネシー	-4.7	-2.4	3.9	14.3	15.1	20.4	-3.6	9.1	17.8
テキサス	3.5	4.9	21.3	22.9	11.8	15.8	4.2	22.1	13.8
バージニア	4.4	2.0	8.0	8.0	-6.3	-3.9	3.2	8.0	-5.1
全米	-5.6	-8.5	-0.5	2.5	-7.3	-3.9	-7.1	1.0	-5.6

● ─── **出口調査結果からの考察── 政党帰属とイデオロギー**

これまでは，国勢調査データと選挙結果統計から考察を行ってきた。しかし，国勢調査データで認められる人口動態の変化がそのまま投票者の内訳の変化となって表れるわけではない。例えば，移民の増大は選挙権を持たない人口を増加させる。事実，1970年代以降，投票年齢人口(18歳以上)をベースとした投票率と，市民権保有者の人口をベースとした投票率との間の乖離が拡大した (Abramson, Aldrich, and Rohde, 2010)。また選挙権保有者の間でも，近年の選挙における投票率は，白人と黒人で高く，ヒスパニックとアジア系で低い。そこで次に，調査誤差の問題がつきものとはいえ，サーベイデータを検討することがより理解を深めることになる。ここでは，実際に投票に行った投票者を

[**表2-10**] 南部各州の政党帰属意識分布, 2000年と2008年

州	2000 民主	2000 共和	2008 民主	2008 共和	2000 民-共	2008 民-共
アラバマ	41	37	37	45	+4	-8
ジョージア	41	37	38	35	+4	+3
ルイジアナ	48	34	42	38	+14	+4
ミシシッピ	40	42	40	45	-2	-5
サウスカロライナ	33	39	38	41	-6	-3
アーカンソー	42	25	36	32	+17	+4
フロリダ	40	38	37	34	+2	+3
ノースカロライナ	41	38	42	31	+3	+11
テネシー	39	37	32	33	+2	-1
テキサス	35	42	33	34	-7	-1
バージニア	35	37	39	33	-2	+6

Bullock Ⅲ (2014a) : 13, Table 1.1

対象に実施された出口調査の結果に基づき南部有権者の意識と行動に検討を加える。

まず,政党帰属意識から各州の違いを検討する。[**表2-10**] には2000年と2008年の出口調査結果による南部各州の政党帰属意識の分布を示す。政党帰属意識に関して2000年と2008年の出口調査データとを比較すると,この8年間で民主党がより強くなっている州と共和党がより強くなっている州がある。民主党マイナス共和党の値が5ポイント以上増加した州としては,ノースカロライナ(プラス8ポイント),バージニア(プラス8ポイント),テキサス(プラス6ポイント)がある。他方,それが5ポイント以上減少した州として,アーカンソー(マイナス13ポイント),アラバマ(マイナス12ポイント),ルイジアナ(マイナス10ポイント)がある。この

[図2-5] 南部各州の政党帰属分布(2004年と2008年の平均値)

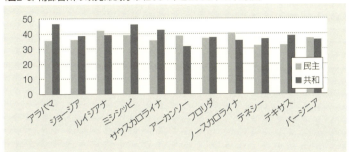

データ：Todd and Gawiser(2009).

ように2000年から2008年の党派心の変化は，南部で同一方向への変化ではなく，多様性が認められるのである。

[図2-5]には2004年と2008年の政党帰属意識の平均値を示す。共和党の割合が40%を超え，比較的高いのはアラバマ，ミシシッピ，サウスカロライナといったディープサウスに属する3州である。しかし，同じディープサウス地域に属する州でも，ジョージアとルイジアナでは共和党はさほど高くなく，ルイジアナでは民主党を下回っている。

周縁南部地域に関しては，テキサスとテネシーで共和党支持が民主党支持を上回っている。ただ，これら2州は他の諸州に比べて無党派層の割合が高く，共和党の支持率自体はさほど高くない。フロリダ，バージニアでは両党の支持率が拮抗しており，ノースカロライナでは民主党支持率が上回っている。すでにスウィングステートになっているこれら3州については，政党支持分布にもスウィングステートの傾向が表れているといってよいだろう。

第2章　揺らぐ？　共和党の牙城　67

[**表2-11**] 民主党投票者の割合(2004・2008)

州	民主党支持層			無党派層		
	ケリー(04)	オバマ(08)	差	ケリー(04)	オバマ(08)	差
アラバマ	92	85	-7	29	33	+4
ジョージア	87	91	+4	39	40	+1
ルイジアナ	78	75	-3	39	32	-7
ミシシッピ	85	89	+4	32	35	+3
サウスカロライナ	92	92	0	42	40	-2
アーカンソー	82	77	-5	38	30	-8
フロリダ	85	87	+2	39	52	+13
ノースカロライナ	84	90	+6	41	39	-2
テネシー	90	86	-4	40	37	-3
テキサス	90	89	-1	31	36	+5
バージニア	92	92	0	44	49	+5
全米	89	89	0	49	52	+3

＊データはTodd and Gawiser(2009)およびCNNのHPより。

　また，政党支持率と選挙結果との乖離を指摘できるのが，ルイジアナとアーカンソーである。これら2州は民主党支持率が共和党支持率を上回っているが，大統領選の結果を見ると，現状では「堅固なレッドステート」である。そこで，南部11州について，政党支持態度（政党帰属意識）との関係で民主党支持層と無党派層の投票行動を検討してみる。

　[**表2-11**]は，2004年と2008年の大統領選挙における南部各州の出口調査結果である。まず，民主党支持層の投票行動について検討すると，とりわけルイジアナとアーカンソーの歩留まりの低さが目立つ。また，無党派層に関しては，南部各州のデータは全米に比べて民主党投票者の割合が低いことが目につく。唯一，2008年のフロリダで52%

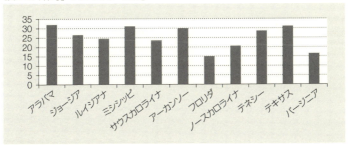

[図2-6]「保守」マイナス「リベラル」

＊データはTodd and Gawiser(2009)より。筆者算出。

がオバマに投票しており，全米と同じ水準である。全般的に見て，南部の無党派層は全米の無党派層よりも共和党寄りである。そして，先ほど取り上げたルイジアナとアーカンソーは2004年に比して2008年には民主党投票者の割合が少なからず減少しており，2008年のアーカンソーはこれら11州で最も低く（30%），同年のルイジアナはアーカンソーに次いで低いパーセンテージ（32%）である。

これら2州で，民主党支持率が高いにもかかわらず，レッドステートが続いているという矛盾した結果は，民主党支持者のなかに共和党候補に投票する逸脱投票者が比較的多いことと，無党派層で民主党に票を投じる者が少ないことに起因する。他方，代表的なスウィングステートのひとつであるフロリダでは，2008年に民主党投票者の割合が大きく上昇している。

次に，州別の投票者のイデオロギー分布について検討を加える。[図2-6]には，出口調査で自らのイデオロギーについて，「保守」と回答した者のパーセンテージから「リベラル」と回答した者のそれを差し引い

た値に関する2004年と2008年との平均値を示す。したがって，縦棒が高い州ほど保守的な傾向があるといえる。まず，差が比較的小さい州として，フロリダ，バージニア，ノースカロライナというスウィングステートがある。それに対して，差が大きいのがアラバマ，テキサス，ミシシッピ，アーカンソーなどの「堅固なレッドステート」である。この中でアーカンソーに関しては，民主党支持率が高いが，イデオロギー分布では保守的な分布となっていることから，かつての南部で多かった"保守的な民主党員"が今なお多く存在している。

南部各州の間で選挙結果の違いをもたらした要因は，投票者のなかの人種的最大勢力である白人の投票行動にある。南部白人の投票行動は北東部や西部，中西部の白人とは異質な性格をもち，共和党投票者の割合が非常に高い状態が長年にわたって続いている。

2008年本選挙では，民主党から初の黒人大統領候補が登場したが，そのことが白人の投票行動に及ぼした影響は南部のなかでもかなりのバリエーションが認められる。[**表2-12**]には白人の投票行動を示す。出口調査によると，内陸地域に位置するルイジアナ，アラバマ，アーカンソーでは，白人のさらなる民主党離れを生んだ。とくに，アラバマの白人で2008年選挙においてオバマに投票したとする者はわずか10%にとどまり，圧倒的多数は共和党のマケインに票を投じている。また，ルイジアナでも白人投票者のなかでオバマに投票したとする者はわずか14%にすぎず，2004年にケリーに投票したとする者の割合から1割減少している。これら2州とアーカンソーの白人の投票行動から，黒人大統領誕生に対する拒絶感をうかがうことができる。

しかしながら，フロリダ，ジョージア，テネシー，テキサスの4州では2004年と2008年との間にほとんど違いは認められない。これら4州

[表2-12] 白人の投票行動（民主党投票者の割合）

州	2004 ケリー	2008 オバマ	変化
ルイジアナ	24	14	-10
アラバマ	19	10	-9
アーカンソー	36	30	-6
ミシシッピ	14	11	-3
フロリダ	42	42	0
ジョージア	23	23	0
テネシー	34	34	0
テキサス	25	26	+1
サウスカロライナ	22	26	+4
バージニア	32	39	+7
ノースカロライナ	27	35	+8
全米	41	43	+2

データ出典：Todd and Gawiser (2009)．変化の昇順に並べた。

の民主党投票者のパーセンテージに関しては，少なからぬ差が存在し，2004年，2008年ともに23%（ジョージア）〜42%（フロリダ）のレンジにある。そして，東部沿岸地域に位置するノースカロライナ，バージニア，サウスカロライナの3州では2008年に民主党に票を投じたとする白人の割合はむしろ増加しており，白人有権者の間に黒人大統領に対する拒絶感は読み取れない。ノースカロライナやバージニアは，現在ではスウィングステートに位置づけられるが，これらの州におけるスウィングステートへの移行は，このような白人における民主党投票者の増大とも関係している。

最後に，政党帰属意識の分布において民主党の割合が共和党よりも高く，1992年と96年には地元出身のビル・クリントンが圧勝した周縁

南部州のひとつであるアーカンソーについて触れておきたい。2008年の出口調査によれば，民主党支持者は36％であるのに対して共和党支持者は32％であり，民主党支持率が上回っていた。しかしながら，民主党支持層の21％がマケインに投票していた。また，無党派層に関しては，マケイン67％，オバマ30％という投票分布になっており，アーカンソーでの民主党の敗北は，民主党支持層からの離脱投票の多さと無党派層の選択によるといえる。

2008年の民主党予備選においては，オバマとビル・クリントン元大統領の妻であるヒラリー・クリントンが大接戦を展開し，大いに注目を集めた。そこで，もしヒラリーが予備選で勝利していたら，アーカンソーの選挙結果はどうなったのであろうか。結論から言うと，クリントン対マケインとなった場合，民主党が勝利して選挙人を獲得した可能性がある。［表2-13］には，出口調査で「もし民主党の候補がヒラリーなら投票した」と回答した人の割合である。2008年のオバマに投票した割合と，「ヒラリーであれば投票した」と回答した者のパーセンテージの差を政党帰属別に見ると，民主党支持層と共和党支持層で1割程度，無党派層では2割程度の差がある。

政治的イデオロギーに関しては，リベラル層では差が見られなかったが，中間層や保守層からは「ヒラリーであれば投票した」と回答した者のパーセンテージがオバマに投票したとする者のパーセンテージよりも明らかに多かった。また，人種・性別で見ると，とりわけヒラリーと同一のカテゴリーである白人女性でより多くの得票（22％差）が推測された。しかしながら，2016年選挙ではヒラリー・クリントンはアーカンソーで勝利することはできなかった。

[表2-13] 出口調査結果（アーカンソー州）

	オバマに投票	クリントンなら投票した	差
民主党支持	77	87	+10
共和党支持	7	16	+9
無党派	30	51	+21
リベラル	76	76	0
中間	52	66	+14
保守	16	35	+19
白人	30	50	+20
黒人	95	81	-14
白人男性	40	53	+13
白人女性	30	52	+22

Barth, Parry, and Shields (2009) :130.

● ── **むすび**

　多くの日本人にとってニューヨークやボストンのある北東部や，ロサンゼルスやサンフランシスコのある西海岸に比べ，南部は馴染みが薄い。しかし，南部は全米に占める人口割合が高く，また人口の伸び率も高い。そして，メキシコなど中米に近いこともあって，人口の流入などによる人種的多様化も急速に進行しており，これからのアメリカ政治や社会を考えるうえで，最も注目すべき地域である。

　第2章では，南部11州について，大統領選挙での動向を中心に検討を加えた。南部は人口増加が著しく，21世紀のアメリカの選挙結果に及ぼす影響力について，その重要性がますます大きくなっていくことは間違いない。同時に南部は人種的マイノリティの割合が高い地域であり，マイノリティ割合の増大と彼らの政治的覚醒が進行すれば，共和

党にとって決して安閑としてはいられない状況にあることも確かである。

　ここでは大統領選挙のレベルに焦点を当てたが，連邦議会議員選挙や，州政治レベルにも視野を広げる必要もあろう。ちなみに州政治レベルについてみると，南部諸州はオバマ時代に共和党優位に変化している。オバマが大統領に就任した2009年1月時点で知事，州議会ともに民主党が支配している州は2州（ノースカロライナ，アーカンソー）存在したのに対して，共和党が両方とも支配している州は4州（テキサス，ジョージア，フロリダ，サウスカロライナ）であった。それが2015年には共和党が両方とも支配している州がバージニアを除く10州に増大し，知事，議会とも民主党が制している州は消滅した（WSJ 2015/7/22）。言い換えると，南部の多くの地域では共和党が根を張った状況を作っている。この状況は一朝一夕にできたわけではないので，民主党がとってかわることの困難性も指摘できる。次の第3章にもつながるが，南部政治の今後は，マイノリティ，とりわけヒスパニック住民の動向が大きな鍵を握っている。また，注目される州としてテキサスとジョージアをの2州を挙げておきたい。

註

*1 ── 大統領選では1972年以降，南部は共和党優位の地域として捉えられるが，連邦議会議員選挙では90年代前半まで民主党優位が続いていた。これはレーガン時代にはレーガン・デモクラットと呼ばれた保守派の民主党議員が再選を続けていたことに大きな理由がある。保守派の議員の引退のあと，民主党候補者がリベラル派に取って代わられると，連邦議会議員選挙でも南部は共和党優位となっていった（Paulson 2013）。

第3章 存在感を増すマイノリティ集団
—ヒスパニックの動向—

社会学的な観点から21世紀前半のアメリカ政治を考える際に，最も重視されるべき観点はアメリカ社会における人種構成の多様化であろう (Jane and Matto 2008)。アメリカではここのところ，ヒスパニック (hispanic) およびアジア系 (asian) の人口増加が著しく，なかでも人口の多いヒスパニックの社会的存在感は増すばかりである。そして，それと反比例するように白人の割合は減少傾向をたどっている。

　「まえがき」にも書いたように，筆者は2012年から２年間，米国生活を経験した。到着して間もなく，スーパーでベライゾンという会社の携帯電話機を購入し，ホテルに帰って登録作業を行った。最初に，「英語の説明を聞く場合は①を押し，スペイン語の説明を聞く場合は②を押しなさい」というアナウンスが流れる。バスに乗ると説明は英語とスペイン語で書かれている。そしてヒスパニックが多いフロリダ州に行くと，スーパーマーケット内の表示も英語・スペイン語が併記されていた。

　2013年６月に発表された合衆国センサス局による人口動向実態において次の３点が注目された。第１点は，2013年から14年の間に５歳以下の子どもの多数派は白人から人種的マイノリティにとってかわられる。第２点は白人が過半数を割ると予測される年が従来よりも早まり，2043年までにはマイノリティの総計が過半数に達し，マジョリティであった白人が過半数を割り込んで人種的マイノリティになる。そして第３点は，2011年７月〜 2012年７月の間に初めて，白人の死亡者数が出生数を上回った[*1]。いずれの事実も，今後の白人割合の減少を示唆するものである (Daily Mail Reporter, 13 Jun 2013)。またピュー・リサーチ・センターによる人口の長期予測によると，2060年にはヒスパニックが米国人口に占める割合は31%となって，白人の43%に近づき，２大人種・民族集団の一翼を担うことになるとされている (Taylor 2013)。

このようなリポートに表れるアメリカの人種構成の多様化は，当然ながら政治に対する影響も軽視することはできない。特に注目すべきは急増するヒスパニック人口であり，彼らが選挙結果に及ぼす影響は今後ますます大きくなることが予想される。そこで本稿では，人種的多様化と選挙との関連性について，ヒスパニックを中心に考察を加える。

1　人種的多様化の進行と選挙

　2000年の国勢調査によると，全米におけるヒスパニック人口は3530万人に上り，米国人口全体に占める割合は12.5%に上った。その結果，黒人非ヒスパニック人口（12.3%）を上回って人種・民族集団の第2グループの位置に浮上することになった。1990年から2000年までの10年間における米国人口の増加率は13.2%であったが，ヒスパニックの増加率はじつに58%に上った。そして，2010年センサスによれば，2000年から2010年の間にヒスパニック人口は43%増えて5047万人に達し，全体に占めるパーセンテージは16.3%にまで上昇し，黒人非ヒスパニック割合との差を広げた。また，この10年間でアジア系も急増し，43%の増加率を示し，全体の5%に達した。黒人人口の割合がほぼ横ばいの状態が続く一方で，ヒスパニックとアジア系の割合が上昇し，白人割合が減少していく傾向が今後も続いていくと予想されている。

　なお，センサスにおけるヒスパニックの定義は，キューバ，メキシコ，プエルトリコ，他の中南米およびスペイン語文化圏に起源をもつ人々という意味で用いられる民族的概念であり，ラティーノ（latino）と呼ばれることもある（U.S. Census Bureau 2011）。肌の色に代表される人種的分類

では，様々な人種から構成されており，むろん白人や黒人も含まれている。センサスでは，人種別人口を示す際に，白人というカテゴリーと「白人非ヒスパニック（white non-hispanic）」という両方を提示しており，白人が占めるパーセンテージと白人非ヒスパニックが占めるパーセンテージには少なからず乖離がある。ここから白人という場合は「白人非ヒスパニック」を指すことをあらかじめお断りしておきたい。また，黒人など他の人種に関してもこれから述べる際にはヒスパニック系を除いている。

2010年の国勢調査によると，人種的構成において最も多い白人が72.4%，2番目に位置する黒人が12.6%であったが，ヒスパニックオリジンを除く白人は63.7%に，黒人は12.2%になっている。そして16.3%に上昇したヒスパニックは白人に次ぐ集団になる。一般に人種的・民族的マイノリティとして，黒人（あるいはアフリカ系アメリカ人），ヒスパニック，アジア系，ハワイ原住民系，アメリカンインディアン系，アラスカ先住民系，そして混血などが含まれる。そして，既述のようにヒスパニックはラティーノと呼ばれることがある。このラティーノという概念はヒスパニックと異なる概念として用いられることもあるが，交換可能な概念として使用されている場合も多い。選挙に関する著作では同義として用いているものが多いので，本書では基本的に日本でよりなじみの深いヒスパニックという用語を使用する。

また，白人と人種的マイノリティの二分法で人口の推移を検討すると，2000年から2010年の間で白人人口は1.2%の微増にとどまったのに対して，マイノリティ人口は3割近い(28.8%)増加率を示した。マイノリティ人口は2000年にはおよそ8686万人であったのが，2010年には1億1927万人へと大きく増えた。そして先に述べたように，アメリカは21世

紀前半の間に白人多数派状況の終焉を迎えることがほぼ確実視されている。

アメリカは大きく，北東部，中西部，南部，西部の4つの地域に分けられるが，人種的マイノリティの人口は4地域のいずれにおいても顕著な増加傾向が認められる。そして最も増加率が高かったのが南部である(33.6%)。また，全米のマイノリティ人口のうちのおよそ4割が南部に居住している。南部総人口に占めるマイノリティの比率は，2000年には34.2%であったのが，2010年には40.0%に達し，そのパーセンテージは西部(47.2%：2010年)に次いで高い。

そして，マイノリティのなかで最も注目されるのがヒスパニック人口の動向である。全米における，2000年から2010年の間の10年間でのヒスパニック人口の増加率は43.0%であった。人口増加が著しい南部地域でのヒスパニック人口増加率は57.3%に上り，このパーセンテージは4地域のなかで最も高い。また，ヒスパニック系人口が南部人口全体に占めるパーセンテージは2000年の11.6%から2010年には15.9%へと4.3ポイント上昇した。

州別にみても，すべての州でヒスパニック人口は増加している（[**表3-1**]参照）。そして，2000年から2010年までの10年間にヒスパニック人口が2倍以上となった州も9州存在する（アラバマ，アーカンソー，ケンタッキー，メリーランド，ミシシッピ，ノースカロライナ，サウスカロライナ，サウスダコタ，テネシー）。急増している州は南部地域に位置する州が多い。

2010年の国勢調査結果について州別にみると，ヒスパニック人口が州の全人口に占める割合が10%を超える州が合計17州存在した。そのパーセンテージが最も高い州は中西部に位置するニューメキシコ州

[表3-1] 2000年から2010年にかけてのヒスパニック人口増加率（州別：降順）

州	増加率	州	増加率
サウスカロライナ	147.9	アイダホ	73.0
アラバマ	144.8	ノースダコタ	73.0
テネシー	134.2	ワシントン	71.2
ケンタッキー	121.6	バーモント	67.3
アーカンソー	114.2	オレゴン	63.5
ノースカロライナ	111.1	オハイオ	63.4
メリーランド	106.5	カンザス	59.4
ミシシッピ	105.9	ワイオミング	58.6
サウスダコタ	102.9	モンタナ	58.0
デラウェア	96.4	フロリダ	57.4
ジョージア	96.1	アラスカ	51.8
バージニア	91.7	コネチカット	49.6
オクラホマ	85.2	マサチューセッツ	46.4
アイオワ	83.7	アリゾナ	46.3
ペンシルベニア	82.6	ロードアイランド	43.9
ネバダ	81.9	テキサス	41.8
インディアナ	81.7	コロラド	41.2
ウェストバージニア	81.4	ニュージャージー	39.2
メイン	80.9	ハワイ	37.8
ミズーリ	79.2	ミシガン	34.7
ニューハンプシャー	79.1	イリノイ	32.5
ルイジアナ	78.7	カリフォルニア	27.8
ユタ	77.8	ニューメキシコ	24.6
ネブラスカ	77.3	D.C.	21.8
ミネソタ	74.5	ニューヨーク	19.2
ウィスコンシン	74.2		

出典：U.S. Census Bureau 2011b.

で，全人口の半分近い46.3%に上っている。それに対して，最も低い州はウェストバージニア州であり，全体の1.2%にとどまる。最も高い

[表3-2] 州人口全体に占めるヒスパニック割合上位10州と大統領選勝利政党：2004-2016

州	%	2004	2008	2012	2016
ニューメキシコ	46.3	共和	民主	民主	民主
テキサス	37.6	共和	共和	共和	共和
カリフォルニア	37.6	民主	民主	民主	民主
アリゾナ	29.6	共和	共和	共和	共和
ネバダ	26.5	共和	民主	民主	民主
フロリダ	22.5	共和	民主	民主	共和
コロラド	20.7	共和	民主	民主	民主
ニュージャージー	17.7	民主	民主	民主	民主
ニューヨーク	17.6	民主	民主	民主	民主
イリノイ	15.8	民主	民主	民主	民主

％は2010年国勢調査結果による（U.S. Census Bureau 2011）。

ニューメキシコ州に関しては，ヒスパニックが過半数に達するのも時間の問題といえよう。

[表3-2] には，州人口に占めるヒスパニック割合の上位10州（2010年国勢調査による）に関して，ヒスパニックの占めるパーセンテージおよび2004年〜2016年の大統領選結果を示す。これら10州に関しては，2004年には共和党が勝利した州が6，民主党が勝利した州が4となっており，共和党が優勢であった。しかし，2008年と2012年にはともに，民主8，共和2となり，民主党がかなり優勢と変化している。注目すべきは，これら10州のうちの4州で2004年と2008年の間で勝利政党が異なっていることである。その4州とはニューメキシコ，ネバダ，フロリダ，コロラドであり，いずれも2004年には共和党が勝利したが2008年には民主党が勝利を収めている。このように2004年と2008年

で勝利政党が異なった州は全米50州のうち9州存在していたが，そのうちの4州がヒスパニック人口トップ7に位置していることは，ヒスパニックが選挙結果の変動に及ぼす影響の大きさを示唆しているともいえる。

　ヒスパニック系の連邦議会議員数も増えており，2012年選挙では11名増加した。また，大統領選挙キャンペーンはヒスパニック系議員を前面に出すこともあり，議員数の増加と相まって，ヒスパニック有権者の政治的関心を高める可能性を秘めている(Rodriguez, E. 2013)。上院議員の中のヒスパニック系議員は2013年2月現在，3名であるが，下院議員の中でヒスパニック系の議員が何人存在するのかという点については，いくつかの見方があり，明確とはいえないともいわれる。一例を挙げると，ハウス・プレス・ギャラリーによれば，2013年2月現在，下院議員435名の中でヒスパニック系の議員は33人に上っているという(Gamboa 2013)。

　選挙におけるヒスパニック有権者の影響が重視される理由は，その人口が急速に増えていることのほかに，白人や黒人に比して投票行動が変わりやすいという点も指摘できよう。[**表3-3**]は出口調査データから，2000年以降の4回の大統領選における白人，黒人，ヒスパニックの投票政党の分布を示す（アジア系に関してはサンプル数が少なく，誤差の範囲が大きいため，ここでは掲載していない）。標準偏差では白人が最も低いので，白人が最も変化しにくい層であるといえる。そして黒人は白人よりも変わりやすいが，これは2008年と12年に黒人のオバマ候補が出現したことにより，民主党に投票した者が増えたことによる。そしてヒスパニックは，白人や黒人よりも標準偏差がかなり高く，投票行動の流動性が高いことがわかる。また，2008年と2012年を比較すると，

[表3-3] 大統領選での投票行動（白人・黒人・ヒスパニック）

	民主党候補への投票%				
	2000年	2004年	2008年	2012年	標準偏差
白人	43	41	43	39	1.66
黒人	90	88	95	93	2.69
ヒスパニック	61	53	67	71	6.78
	共和党候補への投票%				
	2000年	2004年	2008年	2012年	標準偏差
白人	54	58	55	59	2.06
黒人	9	11	4	6	2.69
ヒスパニック	38	44	31	27	6.52

出口調査データによる（Todd and Gawiser 2009, CNN 2012）。標準偏差は別途算出。

白人，黒人ともに民主党への投票者の割合が減っているが，ヒスパニックは民主党に投票したとする者のパーセンテージが増えている。2012年の選挙戦では共和党候補ロムニーの陣営はヒスパニック票の獲得を重要課題としていたが，結果的にヒスパニック層をつかめなかったことが敗因のひとつに入れられる。

ミシガングループが構築した古典的な投票行動モデルでは，子ども時代に親から子に心情的な共和党員（リパブリカン）ないし民主党員（デモクラット）という党派心が伝達され，いったん形成された党派心は持続的性格を有するが故，選挙変動を抑制すると考えられた（Campbell et al. 1960）。けれども，移民比率が高いヒスパニック層では，そのような2大政党に対する安定した党派心を形成する政治的社会化過程を経ていない人が多いことに注目しなければならない。加えて，ヒスパニックには移民が多いために，その構成が変化し続けていることも投票行動の流動性につながる[*2]。

当然ながら，接戦になればなるほど，流動性が高いヒスパニック票は共和，民主の両陣営にとって選挙戦の重要なターゲットとなる。ネバダ，フロリダ，コロラドといった激戦州でかつヒスパニック人口の多い州では，選挙キャンペーンの際には両陣営がヒスパニック系の議員などを前面に出してキャンペーンを展開することになる。実際，2008年選挙よりも接戦となった2012年選挙では，ヒスパニック票はより重要性が増大した(Rodriguez, C. 2012)。

2　ヒスパニック有権者の社会的特徴

　ヒスパニックの特徴としては，市民権を持っていない住民の割合の高さと投票年齢前の若い年齢層の多さを指摘することができる。ただ，選挙結果に影響を及ぼしうるのはあくまで市民権保有者に限られることは言うまでもない。そこで次に，市民権保有者に限ってヒスパニックの社会的特徴を検討してみる。[**表3-4**]にはピュー・リサーチ・センターによって実施された2012年のアメリカン・コミュニティ調査の結果を掲載してある。米国有権者全体とヒスパニック有権者を比較して，少なからぬ差が認められたのは年齢構成，市民のタイプ，家庭での使用言語，教育程度，婚姻状況，および世帯年収である。以下，これら各属性について分布の違いを説明する。

　年齢構成については44歳以下の占める割合が全有権者では約46%であるのに対して，ヒスパニック有権者ではそれが約62%に上り，比較的年齢の若い有権者の割合が高いことが確認される。市民のタイプではヒスパニックでは帰化による市民の割合が4分の1に達し，

[表3-4] 有権者の内訳

	米国全体	ヒスパニック
年齢		
18-29歳	21.6	32.8
30-44歳	24.6	29.3
45-54歳	19.4	16.7
55-64歳	16.3	10.9
65歳以上	18.2	10.4
性別		
男性	48.2	48.3
女性	51.8	51.7
市民のタイプ		
出生による市民	92.2	74.9
帰化による市民	7.8	25.1
家庭での使用言語		
英語のみ	86.2	30.7
英語のみではない	13.8	69.3
教育程度		
高卒未満	12.3	24.7
高卒程度	29.1	28.6
サムカレッジ	32.4	32.5
大卒以上	26.3	14.3
婚姻状況		
既婚	50.9	44.7
未婚	28.1	37.4
離婚・離別・死別	20.9	17.9
住居		
持ち家率	68.8	58.2
世帯年収		
3万ドル未満	22.9	25.3
3万ドル以上5万ドル未満	18.6	20.7
5万ドル以上7万5千ドル未満	19.6	21.0
7万5千ドル以上10万ドル未満	13.8	13.3
10万ドル以上	25.1	19.7

Motel and Patten (Nov 5 2012).

非常に多い。このことは，アメリカにおいて初期政治的社会化過程を経ていない者が多く存在することを意味する。

家庭での使用言語については，全米有権者では86.2%が英語のみを使用していると回答したのに対して，ヒスパニックの約7割が英語のみではないと回答している。この中には英語も含めた複数の言語を使用しているケースもあるが，スペイン語のみを使用しているケースも多い[*3]。

教育程度については，ヒスパニック有権者は全米有権者よりも低学歴層が多く，4人に1人が高校を卒業していない。また大学卒業以上の学歴を有する割合は14.3%にとどまっている。

婚姻状況についてはヒスパニック有権者では4割近くが結婚したことがなく，その割合は全米有権者よりも約1割高い。これはヒスパニックの年齢層の若さが関係している。結婚状態にないと分類される者の割合は過半数の約55%を占めている。

持ち家比率は全体よりも1割程度低い。

所得階層に関しては，有権者全体と比較してヒスパニックには低所得層がやや多く，高所得層がやや少ない。とはいえ，アメリカ有権者全体と比較してそれほど大きな差がみられないのは，ヒスパニックの中で市民権を持っている者とそれを持っていない者との間で所得格差が存在することと，有権者全体の中には，またヒスパニック以上に低所得層の多い黒人も含まれているためと考えられる。

このように市民権保有者に限っても，ヒスパニックは年齢構成が若く，帰化によって市民権を獲得した割合が高く，低学歴層が多く，経済的には恵まれない層が多い，という社会的特徴をもっている。

[**図3-1**] ヒスパニックの有権者数と投票者数, 1988-2012

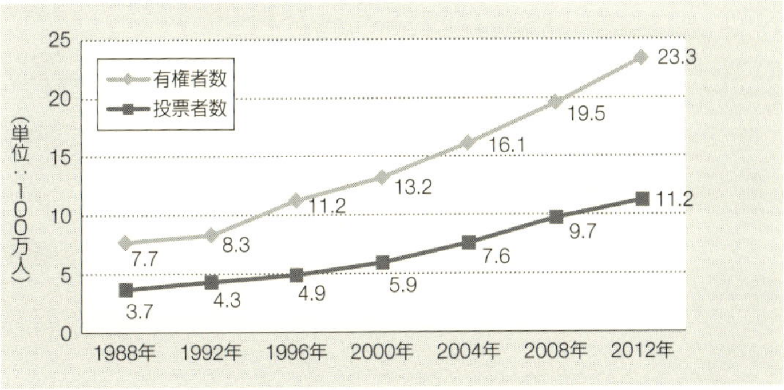

（単位：100万人）

年	有権者数	投票者数
1988年	7.7	3.7
1992年	8.3	4.3
1996年	11.2	4.9
2000年	13.2	5.9
2004年	16.1	7.6
2008年	19.5	9.7
2012年	23.3	11.2

Lopez, Motel, and Patten (Oct 1 2012), Lopez and Barrera (Jun 3 2013)

3 　　　　ヒスパニックの投票参加

　2000年の国勢調査では黒人を上回る人口となったヒスパニックであるが，それがそのまま投票者の人種別構成に反映されるわけではない。事実，2000年代に入っても，ヒスパニック票の総数は黒人票の総数を下回る状態が続いている。そこで，ヒスパニックの投票参加の実態に関して触れたい。

　まず，ヒスパニックの有権者数および投票者数の変化について検討する。［**図3-1**］には1988年以降の7回の選挙におけるヒスパニックの有権者数と投票者数の推移を示す。有権者数に関しては1988年に770万人であったのが，2012年には2330万人へと増大し，およそ四半世紀の間におよそ3倍に膨れ上がっている。そして，投票者数は1988年の370万人から2012年には1120万人へとこれまた約3倍に増えている。ただ，投票率に関しては，50％を超えたのはビル・クリント

[表3-5] 投票者に占める人種・民族別割合, 1996-2012

	1996年	2000年	2004年	2008年	2012年
白人	82.5	80.7	79.2	76.3	73.7
黒人	10.8	11.7	11.1	12.3	13.4
ヒスパニック	4.7	5.4	6.0	7.4	8.4
アジア系	1.7	1.8	2.2	2.6	2.9

国勢調査データによる(U.S. Census Bureau 2013)。

ンが現職のブッシュ(父)を破った1992年選挙しかない。

 次に,投票参加者の人種・民族別構成の変化に言及したい。[表3-5]に示すように,投票者に占める白人割合が次第に低下してきており,2012年には4分の3を下回った。それに対して黒人,ヒスパニック,アジア系は増加傾向にある。このうち,ヒスパニックが全投票者に占める割合は,1996年には4.7%にすぎなかったが,2008年7.4%に,2012年8.4%に上昇した。とはいえ,人口では黒人を上回るヒスパニックであるが,投票者に占める割合は黒人よりも下回る状態が続いている。

 2012年のセンサス調査データによると,有権者登録をしたと回答したヒスパニックの数は2008年比で1370万人増であり,パーセンテージにすると18%増で新記録であった。しかし,登録者のなかの投票率についてヒスパニックは,2008年には84%であったのが2012年には81.7%に低下した。このパーセンテージは白人や黒人よりも低いが,とはいえ有権者登録をした人に関しては,ヒスパニックにおいても投票参加率は高い水準にある。

 そして,先にも触れたように2012年のヒスパニック人口が17.2%であるのに対して,選挙権保有者のなかでのヒスパニックの割合は10.8%

[図3-2] 人種別投票率：1996－2012

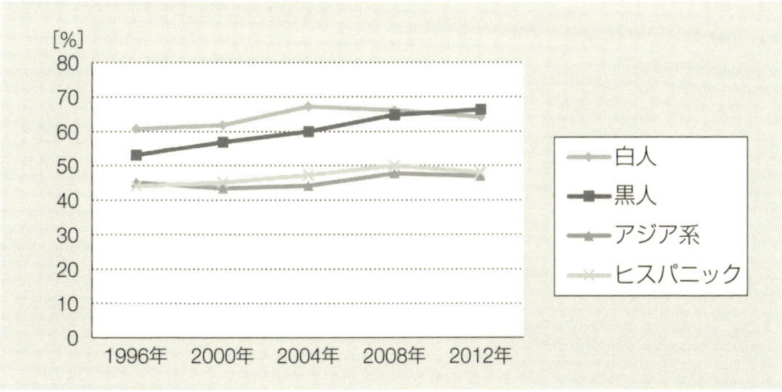

出典：U.S. Census Bureau 2013.

にとどまり，投票者全体に占める割合はさらに下がって8.4%となっている。これらの差の原因のひとつに市民権を持たない人が多い，ということが挙げられる。ちなみに2012年時点での市民権保有率は低い順にヒスパニック（43.9%），アジア系（51.7%），黒人（69.1%），白人（78.6%）となっており，これら4つの人種的・民族的集団の中でヒスパニックのみが5割を切っている。

　もうひとつの要因は，ヒスパニック有権者の投票率の低さである。[図3-2]には，1996年から2012年の大統領選挙年の人種別投票率を示す。最大勢力の白人の投票率はこの間，2004年をピークとした緩やかな山形を示している一方，黒人の投票率は上昇傾向を示し，2012年選挙ではついに白人を上回るまでになった（黒人66.6%，白人64.1%）。ただ，2012年選挙に関しては，投票日直前の情勢が非常に拮抗していたため，仮にオバマが落選するようなことがあれば二度と黒人大統

領は出現しないのではないかという黒人層の危機感も働いた結果,黒人が白人を上回ったという見方もできる。したがって,今後もこのような傾向が続くとは言い切れない。とはいえ,ここ2回の選挙結果をみる限り,白人と黒人の投票率は今や拮抗した水準にあるといえる。それに対して,人種的中間層ともいわれるヒスパニックとアジア系の投票率は白人や黒人に比べて低水準の状況が続いている。

仮にヒスパニックの低投票率や帰化率が他の人種集団並みに上昇すれば,ヒスパニック票は2030年頃までに現在の2倍になるという試算もある。もっとも,ヒスパニックが投票者全体に占める割合が今後どのように推移するかについては,単にヒスパニック人口の推移だけではなく,帰化する人の割合の推移と市民権保有者のなかでの投票参加の度合いがどのように推移するかという点が絡み合う (Taylor, Gonzalez-Barrera, Passel, and Lopez 2012)。

アメリカでは自発的登録制が採用されていることから,市民権を有していても自ら有権者登録を行わないかぎり,投票権を行使することができない。そこで,投票率のみならず有権者登録率の状況も含めて検討してみる。[図3-3] には,2008年選挙に関するセンサス調査の結果から,白人,黒人,ヒスパニック,アジア系について,有権者と18歳以上人口をベースとした登録率,投票率を示す。グラフが示すパターンから,「白人・黒人」と「ヒスパニック・アジア系」という大きく2つのグループに分けることができる。「ヒスパニック・アジア系」は有権者数をベースとした登録率は5割を超えており,こと登録率に関しては「白人・黒人」に大きく離されているわけではない。

しかし,市民権を持たない者を含む18歳以上人口を分母とした場合,登録者および投票者の割合に関しては,「白人・黒人」と「ヒスパ

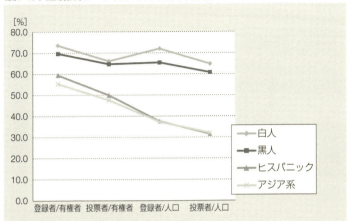

[図3-3] 人種別投票データ(センサス:2008年選挙)

データ出典: U.S. Census Bureau 2012a.

ニック・アジア系」との間に大きな乖離が認められ,ヒスパニックやアジア系住民の中で投票した人は3割程度にとどまっている。

ヒスパニックの投票率については2000年選挙以降,上昇傾向にあり,2008年選挙では5割に迫ったために2012年には5割超えも予想できたが,結果はそうはならなかった。棄権者については,2012年の8210万人に上る棄権者総数のうちの15%をヒスパニックが占めた。そして2008年から2012年の間に増加した棄権者数は380万人であったが,そのほとんど(370万人)は新たに有権者年齢に達した若年層が占めているという見方もできる(Taylor, Gonzalez-Barrera, Passel, and Lopez 2012)。

2012年選挙におけるヒスパニック人口をベースとした実態を[図3-4]

第3章 存在感を増すマイノリティ集団　91

[**図3-4**] 2012年選挙でのヒスパニック

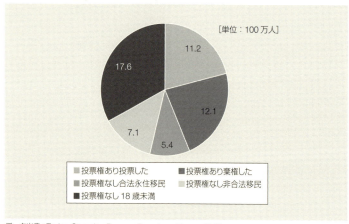

データ出典：Taylor, Gonzalez-Barrera, Passel, and Lopez 2012.

に示す。ヒスパニック人口は約5340万人であったが、そのうち選挙権を持っている者は2330万人で、全体の約44％に当たり、投票者はおよそ1120万人で全体の約2割にとどまる。言い換えれば、ヒスパニックのおよそ8割が投票していないことになる。選挙権を持たない者の内訳は、合法永住移民が540万人で全体の約10パーセント、非合法移民が710万人で全体の約13％、そして有権者年齢に達しない18歳未満が1760万人で全体の約33％を占めた（Lopez and Gonzalez-Barrera 2013）。このデータからすると、今後、選挙結果の帰趨を握るものとして、ヒスパニック系の若者は非常に重要な存在となる潜在的可能性がある。そして、すでに触れたように、ヒスパニックの低投票率や帰化率が他の人種集団並みに上昇すれば、ヒスパニック票は2030年頃までに2倍

になるという試算も存在している(Taylor, Gonzalez-Barrera,Passel, and Lopez 2012)。

なお，中間選挙の投票率は2002年31.2%，2006年32.3%，2010年31.2%であり，ほぼ横ばい状態が続いている。そして，投票者の中に占めるヒスパニックの割合は大統領選の年よりもやや下がっており，例えば2008年には7.4%であったのが，2010年中間選挙では6.9%へと0.5ポイント低下した(Camarota and Webster, May 2011)。

次に，ヒスパニックの投票率について下位集団別に検討してみる（[図3-5] 参照）。投票率の高い集団として，大学卒業者や共和党支持傾向の強いキューバ系が挙げられる。この2つの集団の投票率は全米の投票率 (61.2%) を上回っており，大卒者では約7割が，キューバ系では67.2%が投票参加をしており，ヒスパニック全体の投票率 (48%) を大きく上回っている。対照的に投票率が低い集団は高校卒未満(35.5%)，18歳から29歳 (36.9%)，そして高校卒業者(39.4%)である。

また，出身別にみると，最も投票参加率が高いキューバ系 (67.2%) に続いて中南米系(57.1%)，他のスペイン語圏(53.7%)，プエルトリカン系 (52.8%) が続き，メキシコ系は最も低い (42.2%)。後に示すが，メキシコ系はヒスパニック有権者の6割近くを占める最大勢力であり，この層の中に政治的に眠った層が多いことがヒスパニック全体の低投票率に大きく影響している。

その他，女性は男性よりも4ポイント近く高く，帰化人は米国生まれよりも7.5ポイント高い。また，移民の中では1990年以前に渡米した者は6割近い投票率であるのに対して，1990年以降に渡米した者では5割を切っている。

第3章 存在感を増すマイノリティ集団

[図3-5] ヒスパニック有権者の下位集団別投票率, 2012

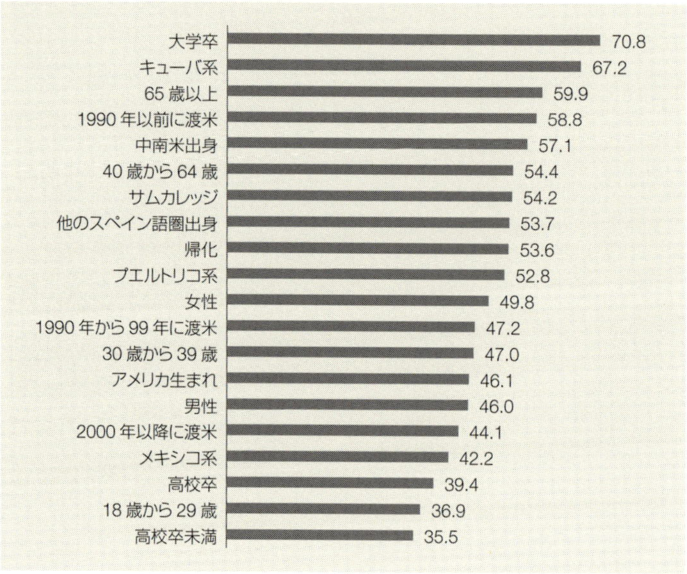

大学卒	70.8
キューバ系	67.2
65歳以上	59.9
1990年以前に渡米	58.8
中南米出身	57.1
40歳から64歳	54.4
サムカレッジ	54.2
他のスペイン語圏出身	53.7
帰化	53.6
プエルトリコ系	52.8
女性	49.8
1990年から99年に渡米	47.2
30歳から39歳	47.0
アメリカ生まれ	46.1
男性	46.0
2000年以降に渡米	44.1
メキシコ系	42.2
高校卒	39.4
18歳から29歳	36.9
高校卒未満	35.5

出典：Lopez and Gonzalez-Barrera 2013.

このように，下位集団により投票率はかなり大きなバラツキがある。先に，ヒスパニックの特徴として，年齢が若く，外国生まれが多く，低学歴層や貧困層が多い，という点を挙げたが，[図3-5]からすると，年齢の若さと低学歴層の多さが，ヒスパニックの低投票率と関係がある。

また，黒人層とヒスパニック層は生活水準において類似した状況にあることをさきに触れた。しかし，生活水準と投票参加との関係はこれら2つの層で大きく異なることも注目すべき事実である。[図3-6]には，2008年選挙における世帯年収と投票率との関係を示す。黒人層では

[**図3-6**] 所得別投票率(ヒスパニック・黒人，2008年)

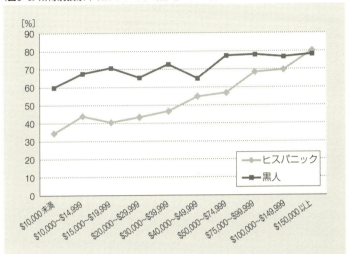

データ出典：U.S. Census Bureau 2012a.

年収5万ドル以上の層と低所得層との間で投票率にいくらかの差はみられるものの，さほど大きな乖離は認められず，「ほぼフラット型」といってもよい。それに対して，ヒスパニックでは年収と投票参加との間に強い相関関係が認められる。この結果からすると，高所得層の投票率に関してヒスパニックは黒人と遜色がない水準に達しているが，中・低所得層に関して大きな差があり，それが黒人とヒスパニックの間の投票率の差の主な原因となっている。また，[**図3-7**]に示すように，非有権者も含む18歳以上人口に占める投票者のパーセンテージについてはその乖離がさらに広がる。つまり，黒人層では所得にほぼ関係

[**図3-7**] 18歳以上人口に占める投票者の割合（所得別）

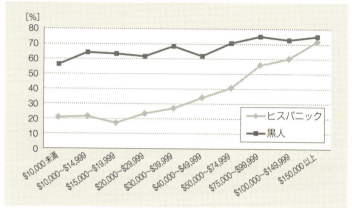

データ出典：U.S. Census Bureau 2012a.

なく投票参加を行っている状況となっているが，ヒスパニックの低所得層は政治的に疎遠な状況に置かれているという点に違いがある。

　これらの結果が示唆することは以下の点である。仮に，ヒスパニックの投票参加が黒人と同様にフラット型に移行していくならば，またヒスパニックの低所得者層が帰化していくならば，ヒスパニック票はより大きな政府を志向する民主党にとって有利に作用するということである。2012年のヒスパニックの投票行動をみると，年間世帯所得が5万ドル以上の層でオバマに投票した割合は59%であったのが，所得5万ドル未満の層では82%に上っている（Lopez and Taylor 2012）。したがって，現状で投票参加率の低いヒスパニックの低所得者層が仮に投票に参加するようになれば，ヒスパニックは現状よりもさらに民主党寄りとなる可能性が高い。

4　フロリダとテキサスの違い

　ヒスパニック系住民は全米に散在しているとはいえ，その半数以上はカリフォルニア，テキサス，フロリダの3州のいずれかに居住している（Brown and Lopez 2013）。ここでは，これら3州とヒスパニックが州人口に占めるパーセンテージが最も高いニューメキシコの計4州を取り上げ，さらに検討を加えてみる。

　すでに述べたように，これら4州のうち，カリフォルニア州は今日，民主党の牙城であるのに対してテキサス州は共和党の牙城である。そして，フロリダとニューメキシコの2州は，2004年は共和党が勝ち，2008年は民主党が勝利した，いわばスウィングステートである。ただし，2012年選挙においてニューメキシコは，選挙キャンペーン中に実施された数々の世論調査で民主党のリードが大きく，民主党の勝利がほぼ確実視される州として位置づけるメディアが多かった。そして，この扱には2016年選挙でも同様であった。

　これら4州の中で，今後の政治の展開の上で最も注目されるのはカリフォルニアに次ぐ大票田であり，現在，レッドステートを維持しているテキサス州である。人口増の著しいテキサスの大統領選挙人数は2012年選挙から4人増えて38人となり，大統領選挙結果に与える影響がますます大きくなっている。むろん，大統領選挙人数が4人増えたということは同州選出の下院議員の数も4人増えたことになるため，下院全体に及ぼす影響も大きくなる。テキサスは1976年までは民主党が強いブルーステートであったが，レーガンが初当選した1980年以降，レッドステートに移行した。その移行には，同州出身のブッシュ親子が大統領選で関わったことが大きな要因とされている。1980年から

1992年までの4回の大統領選挙ではブッシュ(父)が副大統領候補あるいは大統領候補となっており，2000年と2004年にはブッシュ・ジュニアが大統領候補として選挙戦を戦った。2008年と2012年においてもレッドステートを維持しているが，急激に増加するヒスパニック人口を考えると，今後，スウィングステートに移行する可能性もある。大票田であるテキサスがスウィングステートに移行することは，共和党にとって"悪夢のシナリオ"といえる(Todd and Gawiser 2009)。また，フロリダも選挙人数が増加傾向にあり，今後もキーステートであり続ける可能性が高い。そこでテキサスとフロリダを取り上げる。

　まず，有権者登録率に関してみると，フロリダのヒスパニックでは白人との差がほとんど認められず，2012年にはヒスパニックの投票率が白人を上回っていたというデータがある(ヒスパニック62.2%，白人61.2%)[*4]。全米レベルでは登録率や投票率が低いヒスパニックであるが，ことフロリダ州では異なる状況にあり，ヒスパニックもかなり"政治化"している。これは，フロリダのヒスパニックの起源別構成の特徴として，投票率の高いキューバ系が多いことも関係している([図3-5]および[表3-6]参照)。

　それに対してテキサス州では白人との登録率の差が19.3ポイントにも達している。これは，テキサスのヒスパニックの起源別構成の特徴として，投票率の低いメキシコ系が圧倒的に多いことも関係している([図3-5]および[表3-6])。また，投票率に関しては白人よりも約27%も低く，テキサスで共和党優位が続いている原因のひとつに民主党の潜在的支持者の多いヒスパニック層の登録率，投票率が低いことが挙げられる。

　加えて，登録者数の中で投票参加をした者の割合についても州によって大きな差がみられた。それは，カリフォルニアでは91%，フロリダ

[表3-6] ヒスパニック有権者の出身地別内訳

	全米	フロリダ	テキサス
メキシコ系	59.1	8.9	88.3
プエルトリコ系	14.4	28.4	2.2
キューバ系	4.8	32.1	0.6
エルサルバドル系	2.4	0.9	1.4
ドミニカ系	3.1	4.5	0.2
他	16.2	25.0	7.3

Motel and Patten（November 5 2012, October 1 2012）

で89%に上っていたのが，テキサスでは70%にすぎない。テキサスでは登録率そのものが低い上に，登録者の中で棄権者が3割も存在しているのである。ロドリゲスによると，このようなヒスパニック登録者中の棄権率の高さは，アリゾナやイリノイでも同様に認められるという（Rodriguez, E. 2013）。そして，テキサスやアリゾナにおける乖離は両州が共和党優位を維持していることに少なからず貢献しているといってよいだろう。

　しかし裏返して言えば，これらの州ではヒスパニックの登録率・投票率の上昇の余地が大いにあるとも考えられる。例えばテキサス州については，2008年から2012年の間に有権者が20万8000人増加したが，増加した有権者の92%はヒスパニックであり，ヒスパニックの増加分だけで有権者全体の2%を占めていた。この事実は，仮にヒスパニックの投票率が今後上昇しなくとも，ヒスパニックの選挙への影響力が増大することを意味している。そしてヒスパニック有権者の投票参加が今後活発化すれば，同州における共和党の優位が揺らぐ可能性は十分にあるといってよかろう。

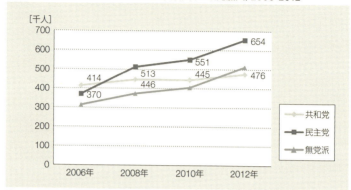

[図3-8] フロリダ州のヒスパニック登録有権者の政党加入，2006-2012

Motel and Patten(November 5 2012)

　また，典型的なスウィングステートであり，2012年選挙からはテキサス州に次ぐ選挙人数を抱えるようになったフロリダ州でも気になる傾向がある。それは，[図3-8]に示すようにヒスパニックの登録有権者の政党加入状況で共和党が伸び悩んでいる一方で，民主党が急速な伸びを見せていることである。この傾向が進行すれば，フロリダがスウィングステートからブルーステートに移行する可能性もある。

　仮にテキサスが共和党の牙城からスウィングステートに移行し，フロリダが安定的なブルーステートに移行することになれば，共和党にとって大統領選で勝利を収めることは，よほど強い追い風が吹かない限り政治算術的に困難となる。また，現在，共和党が過半数の議席を持っている下院に関しても，中長期的にみて共和党の優位を維持することが困難になる。

● ── **むすび**

　急速に増大しつつあるヒスパニックは，白人や黒人に比べて投票行動において移り気な層であり，それだけに民主，共和の両党からのターゲットになりやすい存在である。しかしながら，生活程度の観点からヒスパニックの投票参加の実態を検討すると，政治から疎遠な状況に置かれているのは低所得層である。言いかえれば，高所得層よりも所得の低い層の方が，これから政治参加が拡大していく"伸びしろ"が大きい。また，オリジン別に検討すると，ヒスパニックのなかの最大勢力であるメキシコ系住民で投票率上昇の潜在的可能性が高い。この層の帰化率が上昇すること，そして有権者登録率や投票参加率が上昇していくことになれば，アメリカの選挙結果に大きな影響を与えることになろう。

　ヒスパニックの投票参加の拡大が，民主党と共和党のいずれにとって有利に作用するかという点については明確であり，民主党に有利に作用し共和党にとっては構造的危機が訪れる。現状ではヒスパニックの登録率，投票率が低いテキサスでこれらが改善されれば，2008年から民主党優位となったニューメキシコのようなパターンをたどることが予測される。共和党は主として南部と中西部の白人層の支持によって，大統領選で戦える状況を作っているが，このままではじり貧である。他方，民主党の側からみると，ヒスパニックの増大は構造的に有利な変化であるといえる。しかし，それは共和党と民主党からなる2大政党制の継続を前提とした話である。1992年のペロー旋風にみられるような，第3党への期待は根強くあり，増大するヒスパニックが新たな政治勢力に惹きつけられることもありうるため，その舵取りはそう容易ではない。

前述のように，今後，ヒスパニックの中で投票率の上昇余地が大きいのは，低所得層とメキシコ系である。これらの層が政治的に覚醒すれば，選挙に及ぼすヒスパニックの影響は現在よりもはるかに大きくなることは容易に想像できる。そして，彼らは，大きな政府を志向する傾向にあることが予想されるため，小さな政府志向の共和党にとっての構造的な危機が訪れることになる。それに合わせて共和党の政策的スタンスを中道寄りに変えていくことで対処することは可能ではあるものの，それでは共和党の民主党化になってしまい，共和党のアイデンティティ・クライシスをもたらしかねない。

　経済的な観点から言えば，共和党は，白人よりも所得の中央値（メジアン）が高く，最も経済的に成功しているとされるアジア系の票を獲得することに可能性を見いだせるものの，人口に占めるアジア系の割合は低い。そして経済的に恵まれない層が多いヒスパニック層を味方につけることはさらに困難である。ブッシュJr.が再選に成功した2004年大統領選では，同性婚といった倫理観にかかわるイッシュー（moral issue）を強調することによりヒスパニック票の獲得に寄与したが，世論の変化によりその手段も次第に有効性が減少している。

　しかし，政策的変更によるヒスパニック票獲得が困難であるとすれば，大統領候補などの人物で対応するという方法もある。それゆえ，2016年大統領選での共和党候補として，フロリダ州選出のキューバ系ヒスパニックの上院議員であるマルコ・ルビオや，夫人がヒスパニック系（メキシコ出身）で自身もスペイン語に堪能なジェブ・ブッシュ元フロリダ州知事の名前が挙がった(Liasson 2013)。また，2014年中間選挙では，共和党で初の黒人女性下院議員が誕生しており，まずは共和党所属の政治家の人種的多様化から少しずつ始めているところである。とは

いえ，第5章で触れるように，共和党予備選の参加者の圧倒的多数が白人であるという状況に今のところ変化はみられない。

註

*1 ── 3点目について，人種別の出生数から死亡者数を差し引いた値は，白人ではマイナス1万2400人，黒人はプラス31万2900人，アジア系がプラス13万2000人，そしてヒスパニックがプラス87万2800人であった。

*2 ── 例えば，フロリダでは共和党支持が多いキューバ系ヒスパニックが多く，そのため他州のヒスパニックよりも共和党に投票する傾向が強い。しかし，2008年と2012年のオバマ人気の高さには，ヒスパニックの中でプエルトリコ系が増大していたことも関係している(Rodriguez, November 9 2012)。

*3 ── 2011年のアメリカン・コミュニティ調査によれば，5歳以上の米国居住者のうち，家庭での会話でスペイン語を使用している人が3760万人に上ると推定されている(Gonzalez-Barrera and Lopez August 13, 2013)。

*4 ── フロリダの他，ミシガンやテネシーでもヒスパニックの投票率は白人をわずかに上回った(Rodriguez, Jun 21 2013)。

第4章
苦しみながらもオバマ再選
−2012年選挙−

第1章から第3章まで,アメリカを州や地域,人種集団に分解して21世紀初頭の動向を記述してきた。第4章および第5章では,2012年と2016年の大統領選を取り上げ,州別のデータなどを用いながら,考察を加えていく。

　21世紀に入り,しばしば指摘されているのは,党派的・イデオロギー的に「2つのアメリカ」に分裂している,という見解である(日本経済新聞2012年8月31日)。世論調査結果からも,両党の支持者間でお互いの政党を嫌悪する者のパーセンテージが増加傾向にあり,また,ここ20年間で経済的な格差も広がりをみせている（日本経済新聞　2015年1月13日)。選挙地図を見ても,民主党が強い北東部や西海岸と共和党が強い南部というように,地理的にもかなり明確に色分けができる状態にある。そして"史上まれに見る大接戦"といわれた2000年選挙や2004年選挙に表れたように,両党の力は接近状態にある。

　2012年米大統領選は2期目を目指す民主党のバラク・オバマと共和党の前マサチューセッツ州知事ミット・ロムニーの対決となった。オバマは,前回の2008年選挙では,リーマンショック直後の選挙ということで,選挙民の共和党政権に対するネガティブな業績評価が働いて共和党候補のマケインに対して圧勝を収めた。また,同時に行われた連邦議会議員選挙でも民主党が上下両院で多数派を獲得し,オバマ政権は盤石な政権基盤の上にスタートしたかにみえた。しかしながら,2010年の中間選挙でいわゆるティーパーティ旋風もあって,下院の多数派を野党共和党が占めるというねじれ状況が出現し,オバマ大統領に対する支持率も低下傾向をたどるようになる。ここでは,2012年大統領選の本選挙をめぐる状況変化と選挙結果の分析をこころみる。

1　勝利への政治算術

● ────州別選挙人配分数の変化

　米大統領選は間接選挙の方式を採用しているため,各州への選挙人割り当て数を考慮に入れて,民主,共和の両陣営とも戦略を練ることになる。

　1964年選挙以来,選挙人の総数は上下両院議員の総定数535人（上院100人＋下院435人）に首都ワシントンD.C.の3人を加えた538人であり,11月初旬に行われる一般投票の結果,その過半数の270人の選挙人を獲得した候補者が当選となる。各州への選挙人の配分は10年に一度,センサスに基づき見直されることになっており,2012年大統領選における各州の選挙人の割り当て数は2010年に実施されたセンサスに基づいて変更された。

　[**表4-1**]には1990年,2000年および2010年センサスに基づく各州への選挙人配分数,および選挙人数の推移を示す。2008年の配分数に比べて,2012年選挙から選挙人割り当て数が減少したのはマサチューセッツ,ニューヨーク,ニュージャージー,ペンシルベニア,オハイオ,ミシガン,イリノイ,アイオワ,ミズーリ,ルイジアナの計10州であった。削減数はニューヨークとオハイオが2減であり,他の8州は1減であった。他方,割り当て選挙人数が増加したのは,ワシントン,ネバダ,フロリダ,ユタ,アリゾナ,テキサス,サウスカロライナ,ジョージアの8州であった。そのうち大票田のテキサスは4人増えて38人となり,また2000年選挙で焦点となったフロリダが2人増え29人となった[*1]。そして,その他の6州は1増であった。地域別にみると南部の比重が増大した一方で,北東部の比重が減少した。この傾向は1990

[**表4-1**] 州別大統領選挙人配分数の推移

州	基準国勢調査		割り当て数の変化		
	2000年	2010年	2000→2010	1990→2010	1960→2010
アラバマ	9	9	0	0	-1
アラスカ	3	3	0	0	0
アリゾナ	10	11	+1	+3	+6
アーカンソー	6	6	0	0	0
カリフォルニア	55	55	0	+1	+15
コロラド	9	9	0	+1	+3
コネチカット	7	7	0	-1	-1
デラウェア	3	3	0	0	0
D.C.	3	3	0	0	0
フロリダ	27	29	+2	+4	+15
ジョージア	15	16	+1	+3	+4
ハワイ	4	4	0	0	0
アイダホ	4	4	0	0	0
イリノイ	21	20	-1	-2	-6
インディアナ	11	11	0	-1	-2
アイオワ	7	6	-1	-1	-3
カンザス	6	6	0	0	-1
ケンタッキー	8	8	0	0	-1
ルイジアナ	9	8	-1	-1	-2
メイン	4	4	0	0	0
メリーランド	10	10	0	0	0
マサチューセッツ	12	11	-1	-1	-3
ミシガン	17	16	-1	-2	-5
ミネソタ	10	10	0	0	0
ミシシッピ	6	6	0	-1	-1
ミズーリ	11	10	-1	-1	-2
モンタナ	3	3	0	0	-1
ネブラスカ	5	5	0	0	0
ネバダ	5	6	+1	+2	+3

ニューハンプシャー	4	4	0	0	0
ニュージャージー	15	14	-1	-1	-3
ニューメキシコ	5	5	0	0	+1
ニューヨーク	31	29	-2	-4	-14
ノースカロライナ	15	15	0	+1	+2
ノースダコタ	3	3	0	0	-1
オハイオ	20	18	-2	-3	-8
オクラホマ	7	7	0	-1	-1
オレゴン	7	7	0	0	+1
ペンシルベニア	21	20	-1	-3	-9
ロードアイランド	4	4	0	0	0
サウスカロライナ	8	9	+1	+1	+1
サウスダコタ	3	3	0	0	-1
テネシー	11	11	0	0	0
テキサス	34	38	+4	+6	+13
ユタ	5	6	+1	+1	+2
バーモント	3	3	0	0	0
バージニア	13	13	0	0	+1
ワシントン	11	12	+1	+1	+3
ウェストバージニア	5	5	0	0	-2
ウィスコンシン	10	10	0	-1	-2
ワイオミング	3	3	0	0	0
合計	538	538			

年と2000年との間にも表れている。この20年間で選挙人数が2人以上変化した州を挙げると，増加した州としてテキサス（6増），フロリダ（4増），アリゾナ，ジョージア（それぞれ3増），ネバダ（2増）がある。一方，2人以上減少した州としては，ニューヨーク（4減），オハイオ，ペンシルベニア（それぞれ3減），イリノイ，ミシガン（各2減）がある。また，

選挙人総数が現在と同じ538人となった，50年前の1960年国勢調査に基づく選挙人配分数（1964年選挙と1968年選挙で適用）と比べると，カリフォルニアとフロリダは15人増え，テキサスは13人増加した。減少幅が最も大きいのはニューヨーク（14人減）で，ペンシルベニア（9人減）やオハイオ（8人減）も大きく減少している。

そして，ヒスパニック系人口の増大という傾向が続くことを前提とすると，米大統領選結果に及ぼす影響力や下院議員の構成において南部地域の比重が今後も高まっていくことが予測される。そのことはすなわち，人口比例で各州に議席が配分される下院や上下両院の議席定数合計で選挙人が決まる大統領選挙において，南部地域の重要性が高まっていくことを意味する[*2]。

党派的な観点からすると，選挙人割り当て数におけるこのような推移は共和党に有利な変更であったといえる。2010年の国勢調査により選挙人数が減った10州のうち，2008年選挙で民主党が勝利した州が9州を占め，共和党が勝利を収めた州はルイジアナただ1州であった。他方，選挙人数が増加した8州のうち，共和党が勝利した州が5州あり，そのひとつが4増という大幅増のテキサスである。2008年のオバマ対マケインの獲得選挙人から算出すると，2008年結果ではオバマが365人，マケインが173人の選挙人を獲得したが，これを2012年選挙での割り当て数で再計算すると，オバマが7人減って358人，マケインが7人増えて180人となる。

● ──── **各州の党派心状況の推移**

とはいえ，2008年結果に基づくシミュレーション結果においてもオバマの圧勝となる。しかしながら，オバマ政権の1期目における政党支

[表4-2] 州別党派心状況の推移

	2008	2009	2010	2011	2012
堅い民主	30	24	14	12	14
民主寄り	6	10	9	7	3
競合的	10	12	18	15	16
共和寄り	1	1	5	7	9
堅い共和	4	4	5	10	9
民主計	36	34	23	19	17
共和計	5	5	10	17	18

Gallup 2012 b

持状況の推移について検討すると,情勢は2008年から次第に変化していた。[表4-2]にはギャラップ調査の結果に基づく5分類に該当する州の数の変化を示す。これは,各州における政党支持率の差に基づいて分類されたもので,2大政党間の支持率の差が10ポイント以上離れている場合は「堅い」(solid),その差が5ポイント以上10ポイント未満の場合,「傾斜」(lean),そして差が5ポイント未満の場合は「競合的」(competitive),と分類される(Gallup 2012b)。

2008年時点では「堅い民主党地盤」が30州あり,「民主寄りの州」を含めると全51州(D.C.含む)のうちのおよそ3分の2を占める36州が民主党優勢の州に分類された。けれども2012年の1〜6月の調査結果に基づくと,堅い民主あるいは民主寄りを含めた民主党優勢の州は17州へと半減している。それに対して,共和党が優勢な州の総数は2008年にはわずか5州であったが,2012年には18州に増加し,数では民主党を逆転している。この変化はオバマ政権に対する支持率の低下とも関係している。

もちろん，州ごとに選挙人割り当て数が異なることを考えると，単に州の数だけでは情勢を判断することはできない。そこで，同じ2012年前半のギャラップ調査に基づく5分類を選挙人数で換算すると，「堅い民主」189人，「民主寄り」39人，「競合的」163人，「共和寄り」99人，「堅い共和」48人，となる。「堅い民主」と「民主寄り」を合計した民主優勢の州の選挙人数は228人であるのに対して，「堅い共和」と「共和寄り」を合計した共和優勢の州の選挙人数は147人となり，やはり民主党が優位に立っていた。とはいえ，民主優勢の選挙人数合計は過半数の270に42不足しており，共和党は「競合的」に分類される州の大半で選挙人を獲得すれば，勝利を収めることが可能な状況でもあった。

　「競合的な州」に分類された州を[**表4-3**]に示す。順番はギャラップ調査結果により，上から下に向かって民主党優勢から共和党優勢の州に並べてある。むろん，競合的な州であるから両党の支持率の差は小さい。ここには，長らくスウィングステートとして注目度が高いオハイオやフロリダも入っている。この分類に基づき，共和党サイドに立って検討してみよう。先に述べたように，共和党優勢の州の選挙人数合計は147人であるので，当選に必要な過半数(270人)に123人足りない。したがって，共和党としては，これら16州の中から，123人以上の選挙人を獲得しなければならないという課題が課せられていたことになる。競合州の選挙人合計が163人であることを考えると，この中で最大の選挙人を抱えるフロリダ(29人)を落としただけで，残りは134人になってしまい，またフロリダに加え，オハイオ(18人)，ジョージア(16人)，ノースカロライナ(15人)，バージニア(13人)のいずれかを落としただけで当選ラインには達しない。したがってフロリダで勝利を収めることが極めて重要度の高い課題であった。民主党の側からすると，情勢が大きく変

[表4-3] ギャラップ調査に基づく「競合的な州」

州	選挙人数
メイン	4
ニューメキシコ	5
オハイオ	18
ウェストバージニア	5
ウィスコンシン	10
アイオワ	6
フロリダ	29
アーカンソー	6
ケンタッキー	8
ノースカロライナ	15
ニューハンプシャー	4
バージニア	13
ミズーリ	10
ジョージア	16
ネバダ	6
ルイジアナ	8
選挙人計	163

Gallup 2012b

動しない限り、もっとも民主党が優勢な州を着実に押さえて、あとはフロリダとオハイオで勝てば勝利ラインに届くことになる。

事実、ロムニー陣営はフロリダに最も多くの選挙事務所を置き、ついで多かったのはオハイオであった。対して、オバマ陣営が最も多くの事務所を構えたのはオハイオであり、ついで多かったのはフロリダであった（Devine 2014）。また、オバマ陣営がかけた州別の広告費の第1位がフロリダで6900万ドル、第2位がオハイオで6000万ドル、第3

位がバージニアで4900万ドルであった。そして第4位のコロラドから第7位のノースカロライナまでは2000万ドル台であった(Streb 2014)。

鍵となる州

　ブッシュ対ゴアの激戦が展開された2000年選挙以来，民主党と共和党の支持が接近している州が大きく注目されている。アメリカの多くの州は民主党地盤と共和党地盤に分けられ，接戦の場合は全体の4分の1か5分の1の州の結果で勝敗が決する。それに対して，いわゆる地滑り的勝利 (landslide victory) の場合は異なる。1984年のレーガン対モンデールの時はモンデールの出身州であるミネソタ州とワシントンD.C.を除いてすべてレーガンが勝ち，獲得選挙人総数はレーガン525人に対してモンデールはわずか13人という大差が開いた。しかし近年の選挙では，選挙ごとに共和党と民主党で振れる州，世論調査で両党の支持が拮抗している州が重要となっている。接戦になればなるほど，キーステートの重要性が増し，世論調査も全国世論調査を実施する代わりに，キーステート，スウィングステートの調査が重要となる。過去の選挙では代表的な激戦州としては，1960年のイリノイ・テキサス，2000年のフロリダ，2004年のオハイオが注目された。

　また，近年の選挙結果から検討してみよう。2004年に共和党のブッシュが選挙人を獲得しながら2008年に民主党のオバマに移行した州として，バージニア（選挙人数13人），ノースカロライナ（同15人），オハイオ（同18人），インディアナ（同11人），アイオワ（同6人），コロラド（同9人），ニューメキシコ（同5人），ネバダ（同6人），フロリダ（同29人）の9州があり，これら9州の選挙人数の合計は112人となる。

　2012年5月4日付のウォール・ストリート・ジャーナルでは，「ロムニー

が勝つ道は狭く危険に満ちているが，オバマは勝つ道が多くあり，近年の選挙で最も激戦州であったオハイオやフロリダで負けてもよい」と述べられた。また，ロムニー陣営の参謀であるビーソンのコメントでは，勝つ前提として比較的最近共和党が勝っているフロリダ，ノースカロライナ，バージニア，オハイオ，インディアナを制することの必要性を述べており，もしフロリダなしで勝つにはペンシルベニアやミシガンで勝たなければならない。また，2004年にブッシュが再選を果たした時の選挙人合計を2012年の選挙人数に換算すると，292人であり，こちらもフロリダを落としただけで過半数を割る263人になってしまう。したがって同記事では，ロムニーが勝つ道は狭く危険に満ちているのに対して，オバマは勝つ道が多くあり，近年の選挙で最も激戦州であったオハイオやフロリダで負けてもよい，と説明する（WSJ 2012/5/4）。

ロムニー陣営としては，2004年に共和党が勝利を収め，2008年選挙で民主党に奪われた9州の多くを取り戻すことは現実にはかなり厳しい状況にあった。そこで，民主党の地盤である数州にも狙いを定めることになる。そのひとつはミシガン（選挙人数16人）であった。同州はロムニーが生まれ育った州であり，父親が知事を3期務めた州である。大統領選では24年間民主党が勝ち続けているが，予備選で最も厳しい時に当時勢いのあったサントラムをストップさせた州でもあった（井田2014）。加えて，2010年の知事選では共和党が勝利を収めていた。ロムニーはミシガンで自動車労組批判などを展開した。

その他にはペンシルベニア（選挙人数20人），ウィスコンシン（同10人）であった。これら2州も民主党が20年以上にわたって勝ち続けているが，ともに2010年に行われた上院選，知事選で共和党が勝利を収めた州であり，これらの州もロムニー陣営から"脈あり"と判断された（WSJ

2012/5/9)。また、ニクソンが再選を果たした1972年以来、一貫して民主党が大統領選挙人を獲得しつづけているミネソタ（選挙人数10人）は、2010年に行われた知事選では民主党が勝利したものの、同時に行われた州議選で共和党が勝利を収めており、共和党が狙うブルーステートのひとつに挙げられた（WSJ 2012/6/26）。

　この中で、共和党が知事と州議会多数派を占めるペンシルベニア州では、投票の際に、運転免許証など公的機関が発行した顔写真付き身分証明書（government issued photo ID）の提示を義務付ける投票者ID法が成立した。同法を制定した表向きの理由は不正投票の防止であるが、同州で不正投票をこころみたことが発覚した事例は極めて少数であった。そして、そのようなIDを持っていない有権者は有権者全体の約9％であり、フィラデルフィアのような黒人が多く居住する都市部では18％近くに上っていた。したがって、党派的な観点からすると民主党に不利な法律といえるものであった。なぜなら、そのようなIDを持っていない人は民主党支持者の多い、人種的マイノリティ、貧困層などが多いからである（NYT 2012/10/25）。ペンシルベニア以外にも同様の法律を制定した州がいくつかあるが、これらはいずれも共和党が知事および州議会多数派を握っており、この投票要件が共和党に有利に作用し、民主党に不利に作用することは明白であった。このような法律を制定したことはまた、人種構成の多様化の進行という現状に対する共和党の焦りの表れでもある。

　他方、民主党は基本的に2008年選挙で勝利した州のほとんどで再び勝利を目指す、いわば"守りの選挙"のスタンスではあったが、新たなターゲットがなかったわけではない。それはアリゾナ（選挙人数11）であった。アリゾナは共和党がやや優位な州ではあるが、同州は2010

年のセンサスによると，住民に占める人種的マイノリティの割合が4割を超えており，世論調査の結果からも民主党にとって射程の範囲内に位置すると考えられた。

2 両陣営の課題

● ───**ロムニー陣営の課題**───**劣勢をいかにはね返すか**

　さて，州単位の政治算術では不利な状況に置かれていた共和党ロムニー陣営にとっての課題は何だったのであろうか。

　2012年4月上旬に共和党の大統領候補が事実上ロムニーに決まり，オバマ対ロムニーという対決構図が確定した。なお，ウォール・ストリート・ジャーナルとNBC共同世論調査（電話調査）では2011年から，オバマ対ロムニーの世論調査を継続的に実施している。しかし，一度としてロムニー支持率がオバマ支持率を上回ったことはなく，2011年11月ごろに支持率がいったん接近したものの，2012年に入り経済指標が好転するのと並行にオバマ大統領への支持率が持ち直し，その差は拡大した。2012年4月の世論調査結果によると，全部で13項目の項目別相対評価のうち，ロムニーがオバマよりも評価が上回っているのは，行政部の改革と経済改善に対する期待の2つだけであり，その他の項目はすべてオバマ大統領が上回っている。とくにミドルクラス・女性・平均的な人々に関してどちらの候補がより考えているかという問いに対しては，オバマがロムニーを大きくリードしている（WSJ　2012/4/20）。この結果はオバマがバフェット・ルールといわれる富裕層増税を主張していることと関係がある。

●────**女性票の獲得**

　また，ロムニー陣営の課題として女性票の獲得がしばしば取り上げられた。4月下旬に放映された政治専門チャンネルC-Spanでは，「候補者の配偶者の役割」というテーマが組まれ，ブッシュ前大統領夫人のコミュニケーション・アドバイザーとオバマ大統領夫人の前アドバイザーが招かれ，ともに候補者の夫人の影響力は決して小さくないと論じられていた。女性の支持が低いロムニー候補にとって，アン夫人の影響力が鍵になる可能性があるとも論じられていた。

　3月下旬に実施されたUSAトゥデー紙とギャラップによる共同世論調査では，両候補の支持率は男性ではロムニー48%，オバマ47%とロムニーが上回っていたが，女性ではオバマ54%に対してロムニーの支持率は36%しかなかった。

　また，重視する政策争点に関しても男女間で少なからぬ差が認められた。男性での重視する政策争点のトップ5は，1位─財政赤字，2位─ガソリン価格，3位─医療保険，4位─国際問題，5位─失業，であったのに対して，女性では1位─医療保険，2位─ガソリン価格，3位─失業，4位─財政赤字，5位─国際問題，であった。このように，男性は財政赤字を最重要争点とした者が最も多かったのに対して，女性では健康保険を挙げた者が最多であった。男性でトップであった財政赤字問題は女性では4位に，そして女性で1位であった健康保険は男性では3位であった。2位は男女とも当時高騰していたガソリン価格が挙げられており，米国の車社会が色濃く反映されている。財政赤字を重視する有権者は一般に小さな政府志向が強く，それに対して医療保険を重視する人は大きな政府を志向する傾向がある。したがって，女性の方が大きな政府志向が強いともいえ，共和

党が女性の支持を獲得しにくい要因のひとつとなっているといってよいだろう(USA Today 2012/4/2)。

　また，近年の米国人の政党支持に関しては，既婚者と独身者との差である"マリッジギャップ"の存在も指摘されている。事実，2012年4月中旬に行われたウォール・ストリート・ジャーナルとNBCによる共同世論調査によると，両候補の支持率に関して，同じ女性でも既婚者と独身者とで大きな差が認められた。既婚女性ではオバマ46％に対してロムニー49％と，ロムニーがやや上回っていたのに対して，独身女性ではオバマ64％に対してロムニーは28％と，じつに36ポイントもオバマ支持が上回っていた。マリッジギャップは男性においても認められ，既婚男性ではオバマ39％に対してロムニー52％とロムニー支持率が13ポイント上回っていたが，独身男性ではオバマ56％，ロムニー33％となり，オバマ支持率がロムニー支持率を23ポイント上回るという世論調査結果が出ている。このデータは結婚が意識の保守化をもたらした結果であるという解釈が存在する一方で，もともと保守的な価値観をもつ人の結婚率が高いが故に生じた結果であるとの見方もある。おそらくそれら両方が影響しているのであろう[*3]。

　そして，2013年4月21日付のウォール・ストリート・ジャーナルは，9つのキーステートについて，結婚率が52％を超えるウィスコンシン，アイオワ，コロラドはロムニーが有利になる可能性を秘めている一方，結婚率が50％以下であるオハイオ，ペンシルベニア，フロリダ，ネバダではオバマに有利な条件になりうるとしている(WSJ 2013/4/21)。

　ロムニー陣営のもうひとつの課題はヒスパニック票の獲得であった。スウィングステートの中でもネバダ，フロリダ，コロラドでは全州民に占めるヒスパニックの割合が2割を超えており，ヒスパニック票が鍵を握

るといってもよい状況にあった。オバマ大統領がアフリカ系ということもあり，黒人票の獲得にはきわめて限界があるが，ヒスパニック票の獲得は可能性があるようにみえた。ヒスパニック票は2004年に比して前回2008年選挙では，共和党を離れ，民主党寄りになっているため，それをまた共和党に引き戻すことが必要であった。

　また，選挙キャンペーン上の議題設定に関しては，2004年選挙で共和党現職のブッシュ陣営が，同性婚反対を強く訴え，倫理的争点（moral issue）を強調したことによって，功を奏した。しかし，今回の選挙では経済や医療保険といった争点が重視される環境にあるうえ，同性婚に対する世論が2004年当時より変化していた。ウォール・ストリート・ジャーナルとNBCによる共同世論調査によると，同性のカップルが結婚することについて，2004年3月調査では支持派が30％，反対派が62％という意見分布であったが，2012年3月には支持派48％，反対派40％と逆転している。また，ギャラップ調査でも2004年には同性婚の合法化について反対派が賛成派を上回っていたのが，2012年3月の調査では賛成派50％，反対派48％となり，逆転していた[*4]。そして勝敗の鍵を握る無党派層では賛成派57％に対して反対派40％と賛成派が大きく上回っており，いたずらにこの問題を争点化すると，ロムニーにとってマイナスに作用しかねない状況となっていた（WSJ 2012/5/8b）。

● ─── **オバマ陣営にとっての問題──熱狂の不在**

　2012年5月3日付のワシントン・ポスト紙には"選挙地図に関するロムニーの楽観論"という記事が掲載された。そこでは，2008年のオバマ勝利は熱狂（enthusiasm）から生まれたが，今回はそれがみられない。ノースカロライナやバージニアは若者，黒人，ヒスパニックなどの票によ

り勝てたが、今回はそれほど獲得できないのではないかという見方が紹介されていた（Washington Post 2012/5/3）。確かに、2008年選挙で圧勝したオバマであるが、2010年の中間選挙では民主党に厳しい結果となった。その背景には、2008年にオバマを熱狂的に支持した若年層や人種的マイノリティ層が動かなかったことがある。

　また、5月8日付のウォール・ストリート・ジャーナル紙では、世論調査の分析からオバマは決して楽観できないとも論じていた。それは選挙に対する関心度が、民主党支持者と若者で大幅に低下しており、回答者全体の支持率ではオバマ49％に対してロムニーは43％でオバマがリードしているが、10ポイントスケールで9または10と回答した高関心層に限定すると、ロムニー49％、オバマ46％とロムニーが若干上回った。4年前の同時期においては民主党支持層の方が共和党支持層よりも高関心者の割合が高かった（民主党支持層80％、共和党支持層71％）が、2012年では共和党支持層の方が10ポイント高くなっている（［**表4-4**］参照）。また民主党が優勢な18〜34歳の若年層では、4年前には62％が関心の高い層であったが、今回はそれが45％に低下していた（WSJ 2012/5/8）。

　このような熱狂の不在の原因は、オバマ政権下で経済状況がなかなか好転しないことが最大の要因であった。例えば失業率の推移をみると、一般投票でオバマが選出された2008年11月時点における失業率は6.8％であったのが、その後、リーマンショックの影響の拡大により上昇し、翌年10月には2桁の10.0％にまで上昇した。その後は緩やかに低下傾向を示したものの、この調査が実施された2012年4月時点では8.1％という高い水準にあった。この水準は、1992年のブッシュ（父）が再選に失敗した年の7.3％を大きく上回っていたのである。

[表4-4] 選挙に対する高関心者の割合

全体	66
政党帰属	
民主党	64
無党派	64
共和党	74
年齢	
18－34	45
35－49	65
50－64	77
65－	75
人種	
白人	67
黒人	73
ヒスパニック	59

WSJ/NBC 2012年4月13－17日調査。

　しかしながら，経済統計や大統領支持率と現職候補の再選の成否との関係はより複雑である。[表4-5]には，1980年以降で現職候補が存在した6回の選挙における経済統計と大統領支持率を示す。このうち，1980年と1992年は現職候補が敗れている。選挙年の1月時点の失業率に関して，2012年は8.3％と，これらの中でワーストの値を示していた。しかし，1月時点の失業率だけでは，現職候補の当落との関係は明白とはいえない。レーガンが圧勝して再選された1984年よりも同じ共和党のブッシュ（父）が敗北した1992年の方が選挙年1月時点における失業率が低かったのである。現職が敗北した2回の選挙年（1980年，1992年）で失業率に関して共通している事実は，1月に比べて9月の失業率の方が高いという点が指摘できる。

[表4-5] 現職候補が存在した時の経済統計と大統領支持率：1980年以降

現職候補	カーター	レーガン	ブッシュ	クリントン	ブッシュJr.	オバマ
年	1980	1984	1992	1996	2004	2012
選挙年1月の失業率	8.1	8.0	7.3	5.8	5.7	8.3
失業率の変化（1月→9月）	0.3	-0.6	0.3	-0.6	-0.3	-0.5
雇用増加率（Q4→Q3）	-0.5	3.4	0.4	1.5	1.0	1.0
GDP成長率（Q4→Q3）	-1.9	4.7	3.2	3.3	2.1	1.3
消費者信頼度指数（Q3）	68	101	60	110	102	64
消費者感情指数（Q1）	67	99	76	95	96	76
経済面での大統領支持率（Q2）	19	54	31	55	44	42
大統領支持率（Q2）	36	55	39	55	48	47

出典：Prysby 2013.
＊Q4は選挙年前年の第4四半期。Q1, Q2, Q3は、それぞれ選挙年の第1, 第2, 第3四半期を指す。

つまり、選挙の年に入って失業率が上昇傾向にある場合、現職候補の再選が危うくなっている。この点に関して2012年は同期間に失業率が低下しており（マイナス0.5ポイント）、このデータからすると現職有利な状況にあるという解釈も可能である。また、経済面について大統領の仕事を評価するか否かという質問に対する世論については、現職が敗れた1980年と1992年は支持率は低水準にあるが、2012年は高いとはいえないものの、ブッシュ Jr.が再選を果たした2004年と同水準にあった。また、大統領支持率も47％で2004年並みであった。

ただ、オバマ、ロムニーの両候補を比較した場合、経済運営能力に関してはビジネス界での成功経験があるロムニーの方が"うまくやれる"とみなす有権者が多いという世論調査結果もみられた。[図4-1]は、ギャラップ社が2012年4月下旬に実施した世論調査の結果を示す。この質問は、向こう4年間で大統領として経済面でうまくやれるか、を

第4章　苦しみながらもオバマ再選

[図4-1] 経済運営能力に関する認識

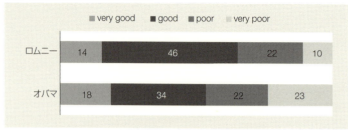

出典：ギャラップ2012年4月26日-5月2日調査。

尋ねた質問に対する回答分布である。ロムニーに対しては，うまくやれない（"poor"あるいは"very poor"）と考える者がおよそ3分の1（32%）であるのに対して，オバマに対してそう考える人は半数近く（45%）に上っており，有権者が抱く経済面における業績期待に関してはロムニーが優位に立っていた。

オバマは事実上ロムニーとの選挙戦が始まった2012年4月末からノースカロライナ州チャペルヒルにおける州立ノースカロライナ大学（UNC）での演説を皮切りに，学生ローンの金利引き上げ阻止などを訴え，若者向けのキャンペーンを開始した。オバマ大統領が同校を訪ねたのは，4年前に僅差でオバマが制したノースカロライナ州が激戦州のひとつであるというのが大きな理由である。また4年前の選挙で若年層投票者の4人中3人がオバマに投票し，オバマの当選に寄与したことから，若者の票固めに入ったとみることができる。米国では2011年後半に"ウォール街を占拠せよ（Occupy Wall Street）"デモが広がりをみせ，その背景には学費の支払いなどで多額の借金を抱えて大学を出

たものの，就職が厳しい若者の不満が指摘されていた。大学でのキャンペーンはバージニア，オハイオ，コロラドといった他の激戦州でも行われ，この一連のキャンペーンはメディアから"カレッジ・ツアー"，あるいは"学生ローン・ツアー"と呼ばれた。とはいえ，若年層にとっての本質的な問題は学生ローンの金利ではなく雇用問題にあった。若者の失業率は16％近辺をうろうろしており，大学で好成績を挙げながら職に就けない者や彼らの能力にとうてい見合わない職に就いている者も多いという現実があった。そして，若年層の階層意識も自らを下層に位置付ける者の割合が大きく増加した[*5]。

　また，両候補を比較して「より好感がもて親しみを感じる」とした有権者は2対1の比率でオバマが多い。しかし，好感度が高いからといってロムニーが不利とみることは誤りであるとブッシュ (Jr.) 前大統領のスピーチライターを務めたマクガーンは指摘する。彼は事例として1980年のカーター対レーガンの大統領選を取り上げる。当時，多くのアメリカ人はカーターを「好人物で上品な人」とみなしており，好感度は高かった。しかしながら，レーガン陣営はカーターが大統領としての能力に欠けると有権者に印象づけることに成功した。選挙後，レーガンの世論調査専門家であったワースリンが「役割を反転させる戦略をとった。投票日までに人々がカーターよりもレーガンの方がより大統領に見える」ところまで持っていったと述べたことを取り上げる（McGurn 2012）。つまり，ロムニーはオバマに対して好感度の面で劣っていたとしても，能力面で勝っていると有権者に感じさせることにより，勝利は可能となるという主張である。

　また，経済状況については2012年4月に入り悪化しており，現職のオバマにとっては決して好ましい状況ではなかった。5月初旬にはイ

ギリスの地方選挙で与党保守党が大敗,フランス大統領選では現職のサルコジが敗退,そしてギリシャでも与党が敗北した。これらはいずれも景気低迷のなかでの政権批判の表れであった。オバマ陣営としては世界的な経済情勢の悪化が現職に不利に作用しないかということが不安材料のひとつでもあった。先にも触れた階層意識に関しては,自らを下層の階級と位置づけた人のパーセンテージを党派心別に検討すると,2008年には民主党支持層において最も多かったが,2012年には移り気な投票者が多い無党派層で最も多いという結果となり,このこともオバマにとって懸念材料のひとつであった(Gallup 2012b)。

民主党支持層の熱狂の不在に関しては,ギャラップ社が2012年7月に実施した世論調査でも確認された。「4年前の選挙よりも熱意があるか」という質問に対して,全体では44％が「熱意がある」と回答していたが,支持政党別にみると共和党支持層では51％であったのに対して,民主党支持層では39％にとどまっていた。ちなみに前回選挙の2008年6月調査では,民主党支持層では「熱意がある」と回答した者が61％に上っていたのに対して,共和党支持層ではそれが35％にとどまっていた(Gallup 2012a)。

● ─── 党大会後の情勢

全国党大会は共和党がフロリダ州タンパで,民主党がノースカロライナ州シャーロットでともに2012年9月に行った。党大会の開催地の決定自体が選挙戦略の一環であり,これら2つの州はともに2大政党の支持率が拮抗するスウィングステートであった。

[表4-6]には,ニューヨーク・タイムズによる,両党の党大会での言語分析結果を示す。ここでは,民主党大会と共和党大会で使用頻度が

[表4-6] 全国党大会で使用された頻度の高いワード

民主党大会		共和党大会	
ワード	回数	ワード	回数
Obama	175	Romney	109
Romney	92	Business	86
Jobs	88	Jobs	80
Women	69	Obama	66
Economy	53	Government	66
Middle class	47	Leadership	53
Tax	39	Success	44
Fight	39	Better	44
Health	38	Economy	41
Business	35	God	35
Forward	33	Tax	32
Education	33	Ryan	31
Leadership	32	Small business	27
Vote	29	Women	26
Medicare	26	Freedom	21
Ryan	25	Debt	21
God	22	American dream	20
Choice	22	Hope	19
Invest	22	Fail	17
Better	21	Unemployment	17

New York Times 2012/9/6.

大きく異なったワードを取り上げ、説明しておく。女性は民主党が69回使用され、使用頻度4番目に位置するのに対して共和党は26回であり、使用頻度順位は14位である。民主党大会では、主に女性の健康や男女同一賃金に関する訴えの中で用いられた。「ビジネス」は共和

党大会において多く使用された。これは、ロムニーの企業での経験や景気回復のプランに関連して用いられた。「失業」は共和党大会では17回使用された。これは今なお高い失業率や多くのアメリカ人が職のない状態にあることに関連して用いられている。それに対して、民主党大会では1回しか使用されず、このテーマを避けた。このほか、"Auto"という語も両党間で使用回数が大きく異なった（民主党18回、共和党1回）。民主党大会では2009年の財政援助により自動車産業が回復したことに関連してこの語を使用したが、共和党はこのテーマを無視した。

世論への影響としては、過去のケースをみると、党大会での大統領候補、副大統領候補の指名により、支持率が上昇することが多い。これを党大会バウンド効果(convention bounce)という。[**表4-7**]にはギャラップ調査による1964年以降の党大会前後の支持率の変化を示す。ほとんどのケースで党大会後に支持率は上昇しており、最も大きなバウンドは1992年のビル・クリントンであり、党大会後の支持率はじつに16ポイントも上昇した。他方でバウンドがみられないケースも若干あった。それは1972年のマクガバンと2004年のケリーである。これら2人の候補は敗れており、これらの先例からすると、党大会によって支持率が上昇しなかった候補は本選挙で勝利を収めることはできない、といってもよい。そして共和党大会が先に開催された2012年は、ロムニーのバウンドが見られなかったことから共和党にとって暗雲が立ち込める展開となった。

この時期は、ロムニーの"47％発言"をしたビデオがメディアに流出し、オバマ陣営もこの発言を使って頻繁にテレビCMでロムニーに対するネガティブキャンペーンを展開した時期でもあった。これはロムニーが5

[**表4-7**] 党大会による支持率の変化

年	民主党	変化	共和党	変化
1964	ジョンソン	+3	ゴールドウォーター	+5
1968	ハンフリー	+2	ニクソン	+5
1972	マクガバン	0	ニクソン	+7
1976	カーター	+9	フォード	+5
1980	カーター	+10	レーガン	+8
1984	モンデール	+9	レーガン	+4
1988	デュカキス	+7	ブッシュ(父)	+6
1992	クリントン	+16	ブッシュ(父)	+5
1996	クリントン	+5	ドール	+3
2000	ゴア	+8	ブッシュ	+8
2004	ケリー	-1	ブッシュ	+2
2008	オバマ	+4	マケイン	+6
2012	オバマ	+3	ロムニー	-1

Gallup 2012d.

月にフロリダ州で行った支持者向けの非公開の集会で行った演説のビデオが流出して注目されたものである。これは参加者からの「政府に頼っている人に自己責任意識を持たせるにはどうすればよいか」という質問に対する回答で発した言葉であった。その発言の内容は,「何があっても47%の人は（オバマ）大統領に投票するだろう。その47%の人々は政府に依存し,自分が犠牲者だと信じ,政府は自分たちの面倒をみる責任があると思っている。彼らは所得税を払っていない。私は彼らに自己責任の意識を確信させることはない」などの内容であった（Steger 2013, Spitzer 2013）。この発言が問題となったのは,オバマ支持者イコール所得税を払わない層ということが事実と大きく異なるという

だけでなく, 億万長者のロムニーが半数の有権者を見下した感のある発言であるという点にあった。オバマ陣営はまた, ロムニーに対するネガティブ・アドとして, キャピタルゲインなどで年収が1300万ドル（当時の為替レートで約10億円）を超える高額所得者のロムニーが払っている所得税率の低さを再三指摘した[*6]。

● 最終局面での情勢

2012年10月に入り, 大統領候補による3回のディベートが実施され, また副大統領候補によるディベートも1回行われた。このうち, 最も選挙に対する影響が大きいとされるのが, 第1回の大統領候補ディベートである。視聴者数のデータを見ても, 第1回ディベートが最も多く, 6700万人以上が視聴したと推定されている。10月3日にコロラド州のデンバー大学で行われた第1回ディベートでは, 国内政策を巡って議論が行われ, 視聴者の評価によれば, ロムニーが圧勝した。例えば, CBSによるディベート終了直後の調査によれば, ロムニーが勝ったと答えた人が46%であったのに対して, オバマが勝ったと回答した人は22%にとどまり, 32%が両者タイと答えた（Crotty 2013）。また, CNNによる直後調査ではロムニーが勝ったとする人が67%であったのに対してオバマが勝ったとする人は25%にとどまり, ロムニーの圧勝という結果がすぐさま報じられた（CNN 2012）。確かにこの討論会でのオバマ大統領は, 守備的で精彩を欠いていた。

第1回ディベートでのロムニー圧勝は, 共和党にとって党大会での失敗を取り返したかたちとなり, ロムニー支持率がオバマ支持率を上回る世論調査結果もみられるようになった。第2回, 第3回ディベートではオバマ優勢との評価が多かったものの, 世論調査結果にはほと

[表4-8] 投票日直前における両候補に対する支持率

調査主体	オバマ	ロムニー
WSJ/NBC	48	47
Pew Research	50	47
Newsweek/Daily Beast	47	44
National Journal	50	45
Quinnipiac	49	45
NPR	47	48
Rasmussen Tracking	47	49
USA TODAY/Gallup	49	45
Gallup	49	50
FOX News	46	46
ABC News/Washington Post	50	47

んど反映されず，第1回ディベートの影響が大きかったといえる。[**表4-8**]には投票日直前における両候補に対する支持率を示す。ここで取り上げた11の世論調査のうち，オバマリードの結果が多い。とはいえ，ロムニーリードの結果もいくつかみられ，またFOXニュースのように支持率が同率のケースもみられる。支持率だけをみると，最後まで予断を許さない情勢であった。

また，投票日の前週の10月29日と30日に，大型ハリケーン"サンディ"が東海岸を襲い，特に東部ニュージャージー州で多大な被害を出した。それに対するオバマ大統領の迅速な対応に対して，世論はおおむね高い評価を与えた。この"サンディ"の襲来により，選挙キャンペーンは中断を余儀なくされた。特に"最後の追い込み"のために選挙運動が必要であったロムニー陣営にとっては痛かった。一方で，こ

の大災害によって結び付いた通常ならば"ありえないペア(an unlikely political pair)"が注目を集める(NYT 2012/10/31)。そのペアとは,オバマ大統領と共和党のクリスティ・ニュージャージー州知事であった。テレビにおいてもクリスティ知事とオバマ大統領が並んで被害状況を視察し,クリスティ知事がオバマ大統領の迅速なサポートに謝意を表明する場面が繰り返し放映された。

ただ,分権型のアメリカでは,州によって期日前投票(early voting)のシステムが異なるため,州によりディベートや投票日直前の出来事の選挙結果への影響の大きさが異なることも指摘しておかなければならない。エイブラムソンらによると,郵便投票制度を認めているオレゴンとワシントンの2州では,投票者全体に占める期日前投票者の割合は9割を超えた。他方で,不在者投票(absentee voting)しか認めていないペンシルベニアやニューヨークなど13州では,その割合は1割未満にすぎなかった。このように期日前投票者のパーセンテージについては州によるバラツキが非常に大きい。なお,投票率の低下に対する制度的対応として期日前投票制度が広がりをみせる中,2012年選挙では全米の投票者全体の約3割が期日前投票を行っており,投票日直前の出来事やキャンペーンの選挙結果に及ぼす影響力は低下しつつあるといってよいだろう(Abramson, Aldrich and Rohde 2015)。

3　選挙結果

●───選挙結果

大統領選の結果は,選挙人獲得数がオバマ332人,ロムニー206人

であり、オバマが再選を果たした。現行の選挙人配分で再計算すると、2008年にオバマが獲得した選挙人数は365人であり、33人減らしたことになる。とはいえ、オバマの圧勝といってよい結果である。投票日直前には、全米の得票数ではロムニーが上回り、選挙人獲得総数ではオバマが上回るといった"逆転現象"が起きる可能性も指摘されたが、得票率はオバマ51.1%、ロムニー 47.2%となり、逆転現象は発生しなかった。ロムニー・共和党陣営にとっては、2年前の中間選挙で勝利し、今回も直前情勢では勝利に希望を持てる状況であっただけに、今回の敗戦のショックは大きかった。同時に行われた上院議員選挙でも民主党は議席を2つ増やし、民主系無所属を合わせて55議席となり、同院での民主党支配を維持した。ただ、下院議員選挙では民主党は4議席増やしたものの、議席総数は194議席にとどまり、233議席を獲得した共和党が引き続き下院での多数派を維持した。したがって、世論調査では分割政府よりも一党支配を望む声が増加していたものの、分割政府状態は継続し、翌年には、いわゆる"財政の崖（fiscal cliff）"の懸念が発生し、2013年10月には政府機能の一部がシャットダウンするという事態をもたらした[*7]。

[**表4-9**]には州別得票率に関する代表値を示す。州別得票率の平均値に関しては、ロムニーがオバマを上回った。これはロムニーが勝利を収めた州のなかに人口規模の小さな州が数多く含まれていることと関係がある。データのバラツキの度合いを示す指標である標準偏差は2008年よりも上昇した。また、2004年から次第に上昇しており、州による得票率のバラツキが次第に大きくなる傾向がある。また、最大値と最小値との差も2008年に比べて拡大した。2大政党が獲得した得票総数に占める民主党得票率が2008年よりも上昇したのはアラスカ、

[表4-9] 州別得票率の代表値:2004—2012

年	候補者	政党	平均値	最大値	最小値	標準偏差
2004	ブッシュ	共和	52.3	72.7	9.3	10.414
	ケリー	民主	46.6	89.2	26.4	10.370
2008	オバマ	民主	51.3	92.9	32.7	11.121
	マケイン	共和	47.2	65.6	6.5	11.102
2012	オバマ	民主	49.0	91.4	24.9	11.798
	ロムニー	共和	49.2	72.8	7.1	11.750

ルイジアナ,メリーランド,ミシシッピ,ニュージャージー,ニューヨークの6州にとどまり,他の44州および民主党が圧倒的に強いワシントンD.C.では民主党得票率は減少した(Pomper 2013)。

[表4-10]には,ギャラップ調査において「競合的な州」に位置付けられた16州の選挙結果を示す。このうち,僅差であったのはフロリダ,オハイオ,ノースカロライナ,バージニアの4州であり,民主党が党大会を開催したノースカロライナはロムニーが制したが,残りの3州はオバマが制した。また,ギャラップによって競合的な州とされたこれら16州のなかには,大差がついた州もいくつかある。ウェストバージニア,アーカンソー,ケンタッキーでは20ポイントを超える差がついた。これら3州はいずれも共和党が制しており,政党支持率で選挙結果を予測することの困難性を示している。また,オバマの得票率を2008年と比較すると,ルイジアナを除く15州で低下している。けれども,前回勝利しながら今回失ったのはノースカロライナのみであり,最も重要なフロリダとオハイオでは,ぎりぎり踏みとどまったといってよい。ノースカロライナは共和党新人のレーガンが現職のカーターを破り初当選した

[表4-10] ギャラップ調査に基づく「競合的な州」の選挙結果

州	オバマ	ロムニー	勝利政党	オバマ得票率変化 (対2008年)
メイン	56.0	40.9	民主	-1.7
ニューメキシコ	52.9	41.0	民主	-4.0
オハイオ	50.1	48.2	民主	-1.4
ウェストバージニア	35.5	62.3	共和	-7.1
ウィスコンシン	52.8	45.9	民主	-3.4
アイオワ	52.1	46.5	民主	-1.6
フロリダ	50.0	49.1	民主	-1.0
アーカンソー	36.9	60.5	共和	-2.0
ケンタッキー	37.8	60.5	共和	-3.4
ノースカロライナ	48.4	50.6	共和	-1.3
ニューハンプシャー	52.2	46.4	民主	-2.2
バージニア	50.8	47.8	民主	-1.8
ミズーリ	44.3	53.9	共和	-5.0
ジョージア	45.4	53.4	共和	-1.6
ネバダ	52.3	45.7	民主	-2.8
ルイジアナ	40.6	57.8	共和	+0.7

2012年データ(Johnson 2014)。

1980年以来, 2004年に至るまで7回連続で共和党が制しており, 共和党の強い州であったが, 2008年に32年ぶりに民主党が勝利した州であった。なお, 4ポイント減少したニューメキシコについては, 元ニューメキシコ州知事のジョンソンが第3党のリバタリアン党から大統領選に出馬したことにより, リバタリアンが民主・共和の2大政党の票の一部を食ったことに一因がある。同州での2大政党の得票率合計

は93.9%であり，他州よりも低い水準にとどまった。なお，地域的に検討すると，南部に位置する州ではオバマ得票率の低下の度合いが比較的小さいことが指摘できる。これは南部において緩やかに共和党の基礎力が低下し，民主党が地盤を強化していることの表れとみなすことも可能である(Kapeluck, Moreland and Steed 2009)。

● ─── **埋まらなかったジェンダーギャップ**

フォックスは，「女性票をめぐる戦いは2012年大統領選のキャンペーンでとりわけ重要な位置にあった」と (Fox 2012)。実際，ロムニー陣営の選挙キャンペーンでは，アン・ロムニー夫人が女性票の獲得に奔走した。しかしながら，ロムニーは女性票を惹きつけることはできなかった。[**表4-11**]には，2000年から2012年までの4回の大統領選における出口調査結果を示す。過去3回のいずれの選挙においても，女性は男性よりも民主党寄りであったが，このパターンは2012年選挙でも継続し，ロムニーは女性票の44%しか獲得できなかった。ジェンダーギャップの水準は，2004年や2008年選挙よりも高かった。

[**表4-12**]には性・人種別の投票行動を示す。ただし，アジア系については，男女別に分けるとサンプル数が少なくなるため，男女合わせたデータが示されている。ここで注目すべきは，ここのところ人口増加が著しいヒスパニックとアジア系であり，なかでも有権者数がより多いヒスパニックの投票行動は今後のアメリカ政治を考える際に最も重要な視点である（井田　2015）。ヒスパニックに関しては前回よりも一層，民主党寄りの投票行動となっており，特に女性でその傾向が強く認められた。男女合わせたヒスパニックの投票行動はオバマ71%，ロムニー27%という分布であったが，民主党投票者の割合は2004年から次第

[表4-11] 投票行動のジェンダーギャップ：2000－2012

年	候補者	(a) 男	(b) 女	(b)-(a)
2000	ゴア（民）	42	54	+12
	ブッシュ（共）	53	43	-10
2004	ケリー（民）	44	51	+7
	ブッシュ（共）	55	48	-7
2008	オバマ（民）	49	56	+7
	マケイン（共）	48	43	-5
2012	オバマ（民）	45	55	+10
	ロムニー（共）	52	44	-8

出口調査による。

[表4-12] 性・人種別投票行動

	オバマ	ロムニー	オバマ変化（対2008年）
白人　男性	35	62	-6
白人　女性	42	56	-4
黒人　男性	87	12	-8
黒人　女性	96	3	0
ヒスパニック　男性	65	33	+1
ヒスパニック　女性	76	23	+8
アジア系　男女	72	26	+10

Pomper 2013.

に増えている（2004年53%, 2008年67%）。ロムニーが獲得した27%という数値は，1996年のドール以降の共和党候補者の中で最低の値であった。

また，男女別の投票行動分析はできなかったが，アジア系については他の章でほとんど言及していないので，ここで触れておきたい。そも

そもアジア系というカテゴリーは人為的に作られた枠組みであり，中国系，日系，韓国系のほか，フィリピン系やベトナム系など言語・宗教・文化そして移住の経緯について性格が異なる多様な民族から構成されている。したがって，アジア系の投票行動という場合，オリジンごとに分析する必要もあろうが，出口調査ではサンプル数が少なく，そのような分析に堪えない状況にあった。

マイノリティといっても，アジア系は所得水準などの社会的性格において黒人やヒスパニックとは大きく異なる。指標によっては白人以上の生活水準にあることが判明しており，「経済的に最も成功した人種集団」ともいわれる。だからといって，高所得層に支持率が高い共和党寄りというわけではない。投票行動ではヒスパニックと同様に民主党寄りにシフトしている。今後，存在感を増していくことが確実なこれら2つの層の民主党へのシフトは，白人や黒人が2008年よりもオバマ離れをしていることとは対照的な現象であり，共和党にとって脅威となるトレンドである。ただ，政策面を考えると，共和党にとっては白人に次いで支持獲得の可能性の高い人種的集団ということもできる。

有配偶者と独身者との投票行動の差，いわゆる"マリッジギャップ"も引き続き明確に認められた。既婚女性ではロムニー投票者の方がオバマ投票者より多かった（ロムニー53％，オバマ46％）のに対して，独身女性ではオバマがロムニーを大きく上回った（オバマ67％，ロムニー31％）。また，既婚男性ではロムニー投票者が多く，独身男性ではオバマ投票者が多かった（オバマ56％，ロムニー40％）。なお，出口調査における既婚者と独身者との比率は，既婚者6割に対して独身者4割であり，独身者の票の比重はかなり高い[*8]。

また，選挙戦の焦点のひとつであった若年層の票も，2008年に引

[図4-2] 年齢と投票行動

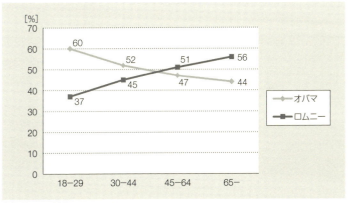

出典：Pomper 2013.

き続きオバマがその多くを獲得した。出口調査の結果によれば，18歳から29歳の年齢階層が全体に占める割合は19%で，2008年よりも1ポイント上昇し，熱狂の不在により若年層が投票に行かないという2010年中間選挙でみられた現象は生じなかった。そして，オバマは若年層の60%の票を獲得し，2008年選挙でこの層から獲得したパーセンテージから6ポイント落としたものの，ロムニーが獲得した37%を大きく上回った。かつては，アメリカでは年齢階層による投票行動の差がさほど見られなかったが，近年ではかなりはっきりと見られ，今回の選挙でも年齢が高くなるほど共和党候補に投票する傾向が認められた（[図4-2]）。

ただ白人投票者に限定すると，2008年と比べ，若者の"オバマ離れ"は明白に認められた。白人若年層でオバマに投票したとする者は

51％で，ロムニー投票者の割合（44％）を7ポイント上回ったものの，オバマ投票者の割合は2008年から10ポイント低下した（Pomper 2013）。全体としてみれば，2008年のような若者の熱狂は影をひそめたものの，若年層は2008年に引き続きオバマの当選に寄与した層となったのである。また，短期的な要因として投票日直前に襲ったハリケーン"サンディ"の影響についても，多少は影響したと考えられる。出口調査結果によれば，投票に際してハリケーン対応を"重視した"とする層では，オバマ65％，ロムニー33％であったのに対して，"重視しなかった"と回答した層ではロムニー70％に対してオバマ投票者は28％にとどまった。

　このように，社会的属性から2012年選挙での投票行動を検討したが，今回のオバマの再選が，前回のような特殊な状況下での風によるものでないことは明白である。そうなると，構造的に民主党が優位な状況下に入りつつあるのではないかという視点も出てくる。例えば，2012年11月8日付のウォール・ストリート・ジャーナル紙上に，次のような記述がある。

　　オバマ勝利はアメリカの政治的風景を再構築する人口学的な構造的変化を表した。2012年大統領選は文化的・人種的・経済的パターンの再集団化をもたらし，長期にわたる連合の終焉の年として記憶に刻まれることになろう。そして，その再集団化は両党とりわけ共和党に挑戦的である。高齢者や白人労働者階級といったかつての民主党の中核的支持層は共和党に移行した。農村部や小都市の有権者で祖父母がニューディールを支持した有権者も共和党の支持基盤に移行した。しかし，都市部や成長し

つつある郊外（ラティーノ，黒人，高所得白人が増えつつある地域）はオバマの支持基盤になっている。「民主党は今や白人とマイノリティが共存する都市化しつつある地域の連合を持っている」と人口学者のLangは言う。
（WSJ 2012/11/8）

　共和党側からみて，2012年選挙は同じく民主党現職候補が存在していた1996年選挙とはその重みにおいて大きく異なっていた。というのは，諸経済指標などから判断すると，1996年選挙に比べて2012年選挙は，現職候補のアドバンテージの度合いが低く，したがって共和党の基礎力が試されていたからである。そして，今回の選挙結果の含意は，共和党にとっての構造的危機がはっきりと見えたことにある。投票者に占める白人の割合は，1980年から16ポイント低下しており，オバマは白人の39%の支持で当選を果たすことができたことは，従来のような白人票依存型で大統領選を勝っていくことが困難になってきたことを意味する（井田　2015）。

● ─── **むすび**

　1992年選挙で誕生したクリントン民主党政権，そしてその後のブッシュJr.共和党政権と，8年周期で政権が交代してきたことを考えると，共和党にとって2012年大統領選における敗北は，政権交代周期に則った結果であり，それほど大きなダメージではないと考えることも可能ではある。ところが，実際には共和党にとって今回の敗北は，前回2008年選挙での敗北に比べてはるかにダメージが大きいようにみえる。前回選挙はリーマンショックという大きな逆風要因を抱えており，かつ共和党政権が8年間続いたこともあって，有権者の中に"そろそろ代

え時"という心理が生まれやすい状況にあり，具体的な政策論ではない"チェンジ"というスローガンが選挙民の心を捉え，オバマが圧勝した。しかし，今回は2年前の中間選挙で示されたオバマ政権に対する失望がなお継続していたにもかかわらず，予想以上の大差で敗北を喫したからである。

そして，米国の人口学的な変化が中長期的にみた今後の共和党の危機感を高めている[*9]。それは，共和党支持者が多い白人層の割合が次第に減少しているという事実である。そして，この変化は共和党の牙城である南部において，共和党色が次第に薄まってきていることである。特に，カリフォルニアに次ぐ選挙人数をもつテキサスが将来，スウィングステートに移行することになると，それは共和党にとって"悪夢のシナリオ"である（Todd and Gawiser 2009）。そして，南部でも周縁州では，フロリダに加えノースカロライナやバージニアはすでにスウィングステートに分類されるようになっており，南部周縁州のうちの半数がスウィングステートという状況にある。そして，2012年選挙でノースカロライナは共和党が奪還したものの，両候補の得票率の差は僅少でしかなかった。

共和党は人種的多様化という人口学的な変化にいかに対応していくかという課題を抱えている。人種構成の多様化が南部での共和党優位を脅かしていくことを考えると，共和党は小さな政府を基本とする従来のイデオロギーを見直さざるを得なくなるだろうが，仮にそのイデオロギーを見直せば，共和党は従来の共和党ではなくなってしまう。

他方で，2010年，2014年の中間選挙で共和党が好成績を挙げたことにも着目する必要がある。これは，中間選挙での与党不利という従来の定説だけではなく，民主党支持の人種的マイノリティや若年層が

中間選挙では棄権する割合が高い,という構造的な要因も作用している。オバマが大統領に就任した2009年と2015年とを比較すると,民主党は上院で13議席,下院で69議席失った。同期間に民主党は11州で知事を失い,州議会議員数で合計910議席失った。州知事および州議会を同一政党で支配している州の数は共和党の23州に対して民主党はわずか7州となっており,民主党の足腰が弱っていることにも注目する必要がある(WSJ 2015/7/22)[10]。

註

[1] 選挙人数が4増となったテキサス州は,2000年から2010年にかけて2085万人から2514万人に増え,増加した429万人のうちの383万人がヒスパニックなどのマイノリティであった。また。2増となったフロリダ州は,2000年から2010年にかけて1598万人から1880万人に増え,増加した282万人のうちの239万人がマイノリティであった。

[2] 国勢調査によると,米国の人口に占める地域別割合は,2000年には北東部19.0%,中西部22.9%,南部35.6%,西部22.5%であったのが,2010年には北東部15.5%,中西部13.2%,南部41.0%,西部30.3%になっており,2010年には南部と西部を合わせて7割を超えた。また,北東部と中西部では白人人口が減少している。マイノリティの増加率は,北部21.3%,中西部23.5%,南部33.6%,西部29.1%であり,南部が最も高い。

[3] 婚姻に関する米国の状況はここ50年間で大きく変化した。1960年には18歳未満の子どものうち88%が結婚している両親と共に暮らしていたが,2010年にはそれが66%に減少している。未婚の母親から生まれた子どもの割合は1960年には5.3%であったのが2010年には40.6%に上っている。そして,ひとり親家庭の割合は1960年には9%だったのが2009年には35%に上昇している。ホワイトは,アメリカ人は結婚相手(同性婚も含む),結婚回数,結婚時期についての社会規範が崩壊し,極めて個人主義的(Hyper-Individualism)になっているとし,核家族の終焉と捉えている(White 2013:188)。

[4] 同性婚については宗教別にみると,プロテスタントでは賛成38%に対して,反対

59%と反対派が上回ったが,カトリックでは賛成 51%,反対47%と賛成派が上回った。

*5 ── ピュー・リサーチ・センターが行った世論調査では,アッパークラス,アッパーミドルクラス,ミドルクラス,ローワーミドルクラス,ローワークラスの5つの階級のなかから,自分がどこに属していると考えるかという階級帰属意識に関する質問項目が設定されている。年齢階層別に検討すると,18〜29歳の若年層のなかで,自分が低い階級,つまりローワーミドルクラスかローワークラスであると回答した者のパーセンテージは2008年には25%であったのが,2012年には39%へと14ポイントも増加した。30〜64歳の年齢階層では同期間にそのパーセンテージは7ポイント増え,65歳以上の高齢層では1ポイント減少していた。つまり,この結果からも若年層はリーマンショックにより最もダメージを受けた年齢階層といえる(Pew Research Center 2012)。

*6 ── 長期間にわたる選挙戦を通じて,ロムニーはほとんどのアメリカ人とは異なる莫大な富と特権を得た人物であるという批判が続いた。富裕層で成功したビジネスマンであり,かつミシガン州知事を務めたジョージ・ロムニーの子息として,特権的な生活を享受し,成人となってからは業績不振の企業を乗っ取ることに特化したプライベートエクイティ会社であるベイン・キャピタルを率い,その経歴から吸血鬼(バンパイア)という批判もなされた。選挙戦におけるロムニーに対するこのような批判は,今回の大統領選におけるオバマ陣営からだけでなく,予備選段階での他の共和党候補の陣営からもなされ,過去をさかのぼれば1994年にマサチューセッツ州で上院選に出馬した時も,また2002年にマサチューセッツ州知事選に出馬した際にもなされていたという。スピッツァーは,ロムニーが富と財産によって大統領を目指したほとんど最初の人物だと述べる。富裕層から大統領選に出馬した人物は以前にもケネディやロックフェラー,そして近いところではジョージ・W・ブッシュなど何人か存在したが,彼らは政治的キャリアの形成過程で庶民の目線に立った姿勢を身につけようとしていたという(Spitzer 2013)。

*7 ── ギャラップ調査によると,一党政府(つまり,大統領,上院,下院を同一政党が支配すること)を望む声が,前年(2011年)には28%だったのが,2012年には38%へと10ポイント増え,分割政府がよいと考える人が前年の29%から23%に減少した。また,どちらでも違いはない,と考える人は39%から33%に減少した(Gallup 2012b)。

*8 ── ホワイトは,今日のアメリカでは核家族は終焉したとみなし,次のようなデータや事実を挙げている。①1960年には18歳未満の88%が既婚の親と暮らしていたが,2010年には66%にまで低下した。②1960年には生まれた子どもの5.3%

のみが未婚の母親から生まれたが,それは2010年には40.6%に上昇している。③1960年には片親の家庭が全世帯の9%であったが,2009年には35%にまで上昇している。④結婚せずに同棲しているカップル数は1960年の43万9000組から2010年には770万組になっている。⑤2010年には,35万8390組の同性カップルが存在し,2012年の投票日までに9つの州で同性婚が合法化された(White 2013: 188)。

*9 ── 1980年と2010年とを比較すると,全米の白人割合は80%から64%に低下し,ヒスパニックが6%から16%,アジア系が2%から5%に増加した。1980年には3分の2のコミュニティで白人の割合が90%以上であったが,2010年にはそれが3分の1に低下。若者の白人が都市に移り住んだこともあり,小都市や農村部での白人割合の減少が著しい(USA TODAY 2013/9/7)。

*10 ── 2015年7月時点で,知事,州議会ともに民主党が支配している州はオレゴン,カリフォルニア,バーモント,コネチカット,ロードアイランド,デラウェア,ハワイの7州のみである(WSJ 2015/7/22)。

第5章
アメリカ分裂を印象づけた 2016年選挙

2016年大統領選挙の特徴として予備選段階での2大政党内の分裂とアウトサイダー候補の健闘を挙げることができる。7月後半に共和党，民主党は党大会を開催したが，そこでは党の結束よりも分裂を目の当たりにすることになる。激戦州であるオハイオ州クリーブランドで行われた共和党大会には，ニューヨークの不動産王，ドナルド・トランプの指名獲得に不快感を示していた元大統領のブッシュ親子のほか，2008年の大統領候補であるマケインや2012年の大統領候補であるロムニーも参加しないという異例の事態となった。他方，ペンシルベニア州フィラデルフィアで開催された民主党大会では直前にバーニー・サンダース候補が支持者に対してヒラリー・クリントン候補を支持するように呼び掛けると支持者から激しいブーイングが起きた。

　大統領候補指名レースで際立った特徴は，2015年当初は予想されていなかった共和党トランプの指名と民主党サンダースの予想外の善戦である。これら2人の健闘はワシントン政治不信の強さを表したという点で共通点があり，いわば"アウトサイダー旋風"が吹き荒れたことが今回の特徴といえるだろう。とくにトランプは政治家経験がなく，ワシントン政治のアウトサイダーというだけでなく，政界のアウトサイダーであった。支持者集団からするとアウトサイダー旋風を巻き起こしたコアな層は，白人の労働者階級と白人の若者であった。

　トランプ，サンダースといったアウトサイダーが旋風を巻き起こした背景には，アメリカ人に蔓延する悲観論がある。これら2名は2015年6月から7月にかけて急速に支持を伸ばしたが，2015年7月末にウォール・ストリート・ジャーナルとNBCが共同で実施した世論調査によると，アメリカが「悪い方向に向かっている」と回答した者は65%であったのに対して，「良い方向に向かっている」とした回答者は28%にとどまっ

た。そして，およそ3分の2が次の大統領にはオバマ大統領とは異なる路線を望んでいると回答したが，共和党への政権交代を希望している者は39%にとどまり，民主党政権の継続を望む者のパーセンテージ(37%)と接近していた(WSJ 2015/8/5)。

2016年選挙の主役たちは，ドナルド・トランプ，ヒラリー・クリントン，そして民主党予備選で善戦したバーニー・サンダースである。ここでは，これら3人がどのような層から支持されたのかに関して予備選のデータから説明し，さらに本選挙についても検討を加える。

1 トランプは誰から支持されたのか─共和党予備選─

［**表5-1**］には，2015年4月から最初の予備選が行われる前月の2016年1月までの月末の共和党候補支持率トップ3を示す。2015年上半期の時期に共和党の大本命とされたのは，主流派のジェブ・ブッシュ元フロリダ州知事であり，ブッシュ家3人目の大統領もありうるとの見方が多かった。ジェブ・ブッシュはメキシコ人の妻をもち，スペイン語が堪能であり，共和党が苦手とするヒスパニック票の獲得も期待できることが期待された。そのほか，8月からは元脳神経科医のベン・カーソンが上位に顔を見せるようになり，10月には一時，トランプを抜いて1位になった。カーソンはトランプ同様公職経験のない政界のアウトサイダーであり，宗教的・倫理的価値観や競争原理に重きを置く保守派であった。そのほか，ワシントン政治のアウトサイダーという立場をアピールして支持を広げようとした保守派のスコット・ウォーカー・ウィスコンシン州知事は，2回目の候補者討論会で埋没し，2015年

[表5-1] 予備選開始までの支持率トップ3（各月末）

	2015									2016
	4月	5月	6月	7月	8月	9月	10月	11月	12月	1月
1位	ブッシュ	ブッシュ	ブッシュ	トランプ	トランプ	トランプ	トランプ	トランプ	トランプ	トランプ
	15.4	14.8	13.8	19.8	25.7	29.3	27.0	28.7	35.6	35.8
2位	ウォーカー	ウォーカー	ウォーカー	ウォーカー	カーソン	カーソン	カーソン	カーソン	クルーズ	クルーズ
	13.6	13.0	11.4	13.6	11.0	16.3	22.2	19.7	18.6	19.6
3位	ルビオ	ルビオ	ルビオ	ブッシュ	ブッシュ	フィオリーナ	ルビオ	ルビオ	ルビオ	ルビオ
	10.6	12.2	11.0	12.6	9.7	11.8	9.6	12.7	11.6	10.2

リアルクリアポリティクスより。

9月下旬に撤退した。

　フロリダ州選出の若手上院議員マルコ・ルビオは，世論調査で常に1割前後の支持を獲得しており，主要候補のひとりの位置にあった。しかし，テレビ討論会において高い評価が得られなかったこともあって支持率は伸び悩んだ。ドナルド・トランプは，2015年6月中旬に正式に出馬表明した。出馬表明演説では，メキシコからの移民問題に言及し，メキシコは麻薬犯罪者，婦女暴行犯など問題の多い人を送り込んでいる，そして，南部の国境に壁を造る，その建造費はメキシコに払わせる，とも述べ，注目を集めた（西森　2016）。

　暴言ともとれるこの発言で，共和党のレースで一気にトップに躍り出たトランプであったが，共和党内では，この人気が長く続くとは思われていなかった（読売新聞　2015/7/24）。2011年の共和党のレースを思い起こすと，8月から9月にかけてトップの支持率を得たテキサス州知事

リック・ペリーがその後失速し，10月に首位に立った実業家ハーマン・ケインもすぐに失速していた（井田　2014）。前例からすると，大統領選挙前年夏の時点での世論調査での支持率はあまり当てにならないという見方が可能であった。

しかし，トランプの勢いは衰えることなく，むしろ増していく。2015年12月にトランプはロサンゼルス郊外で発生した乱射テロ事件を受けて，イスラム教徒の当面の入国禁止を唱える（WSJ 2015/12/9）。他方で同月には，オバマケアの廃止や所得税率を一律10%にするという保守色の強い政策を掲げるテッド・クルーズ上院議員が2位につけるようになる。この支持率レースで特徴的だったのはトランプ参戦以降の主流派・穏健派の不振である。ブッシュやルビオといった穏健派候補はいずれも有力候補とみられていたが，支持率が伸びなかった。

2008年と2012年の大統領選で共和党はマケイン，ロムニーという穏健派の候補を指名した。その理由として，民主党候補との一騎打ちとなる本選挙では，中道派や無党派層の票を取れる穏健派の候補の方が勝てる可能性が高い（英語で言えばelectability）ことを重視する選択であった。この法則が今回も適用されるとするならば，ルビオ候補が有力候補となる。出口調査（党員集会の州では入り口調査）によると，本選挙での当選可能性を重視した参加者のなかでは，予備選の集中日となるスーパーチューズデーである3月1日まではルビオがトランプを上回った州が多かった。

しかし，最も重視する候補者の資質として本選挙での当選可能性を挙げた予備選参加者のパーセンテージは2012年のときに比べて減少しており，ルビオ候補を浮上させるまでには至らなかった。ルビオは3月1日に実施された穏健派が多いとされるバージニア州での勝利が

[**表5-2**] 本選挙での当選可能性重視者のトランプ・ルビオ候補への投票者割合

月日	州	トランプ	ルビオ	差
2月 1日	アイオワ	24	44	20
2月 9日	ニューハンプシャー	33	29	-4
2月20日	サウスカロライナ	21	47	26
2月23日	ネバダ	33	50	17
3月 1日	アラバマ	37	34	-3
3月 1日	アーカンソー	22	47	25
3月 1日	ジョージア	25	45	20
3月 1日	マサチューセッツ	49	35	-14
3月 1日	オクラホマ	17	45	28
3月 1日	テネシー	27	53	26
3月 1日	テキサス	22	39	17
3月 1日	バージニア	25	55	30
3月 8日	ミシガン	36	9	-27
3月 8日	ミシシッピ	48	7	-41
3月15日	フロリダ	51	33	-18
3月15日	イリノイ	37	10	-27
3月15日	ミズーリ	43	9	-34
3月15日	ノースカロライナ	39	14	-25
3月15日	オハイオ	32	2	-30

差はルビオ−トランプ。CNN Web.

かなわず,その後急速に期待が萎んだ。そして3月8日と15日に行われた予備選では,本選での当選可能性を重視する投票者のなかでルビオ候補に投票した者は急減し,いずれの州でもトランプ候補を下回る結果となった([**表5-2**])。

そして,ルビオは3月15日に行われた地元フロリダでの予備選敗戦を受けて,選挙戦からの撤退を表明する。このような主流派総崩れと

いう状況下で，トランプの指名獲得が現実味を帯び始めると，共和党内の政策を担う有識者のなかから，本選挙で民主党のヒラリー・クリントンを推す声すら出始めるという事態になる（読売新聞　2016年3月17日）。そして，トランプが正式に指名された党大会後の8月上旬には，共和党の元高官50人が「トランプ氏は価値観，経験が欠けている」，「国家安全保障を危険にさらす」，「米国史上最も無謀な大統領になる」として本選でトランプに投票しないとする声明を出した（日本経済新聞　2016年8月9日夕刊）。トランプ指名は，共和党内に深い亀裂をもたらしたのである。

　では，予備選でトランプはどのような層から支持されたのか？　予備選の出口・入り口調査データから検討してみる。[表5-3]には，トランプが指名を確実にするまでの予備選での性，年齢，教育程度別のトランプ支持者のパーセンテージを示す。男女別では，男性の方に支持が多い「男性優位型」である。性別による支持率の差は州によってまちまちだが，アラバマ，ミシガン，フロリダのように，その差が10ポイントを超える州もある。平均値では男性が7ポイント高く，メジアン（中央値）では8ポイントの差がある。年齢別にみると，45歳以上の中高年層の支持が比較的高いが，その傾斜は緩やかであった。なお，若者よりも中高年に支持されるというパターンは前回指名を受けたロムニーと同様のパターンである（井田　2014）。

　特徴的なのは教育程度であり，トランプは大卒者よりも非大卒層で支持が高い。平均値，中央値ともには非大卒の層は大学卒業以上の学歴を持つ者よりも13ポイント多く，大きな差が認められた。[表5-3]には示していないが，非大卒の中でサムカレッジと高卒以下の層に分けられたデータもあるが，高卒以下では支持率がさらに高い。また，[表5-4]

[表5-3] 性, 年齢, 教育程度別トランプ投票者割合

月日	州	男	女	－29	30－44	45－64	65－	大卒	非大卒
2月 1日	アイオワ	25	24	19	22	25	26	21	28
2月 9日	ニューハンプシャー	38	33	38	36	36	31	30	42
2月20日	サウスカロライナ	36	29	26	26	36	33	25	41
2月23日	ネバダ	47	45	31	41	47	51	40	51
3月 1日	アラバマ	52	36	33	37	50	44	35	51
3月 1日	アーカンソー	37	31	32	41	34	31	28	39
3月 1日	ジョージア	45	35	35	36	41	43	34	46
3月 1日	マサチューセッツ	52	46	n/a	45	53	51	40	62
3月 1日	オクラホマ	33	24	n/a	27	32	28	24	33
3月 1日	テネシー	43	38	38	35	40	45	35	45
3月 1日	テキサス	31	25	19	30	27	30	26	30
3月 1日	バーモント	34	31	n/a	n/a	37	31	29	38
3月 1日	バージニア	38	31	30	30	36	36	27	43
3月 8日	ミシガン	45	29	31	31	41	42	27	46
3月 8日	ミシシッピ	51	46	45	41	49	54	46	49
3月15日	フロリダ	52	40	36	47	47	46	42	51
3月15日	イリノイ	43	35	32	30	43	42	31	46
3月15日	ミズーリ	44	38	39	33	41	49	32	47
3月15日	ノースカロライナ	43	36	30	37	44	41	33	46
3月15日	オハイオ	39	32	24	36	38	37	29	43
4月 5日	ウィスコンシン	35	35	33	33	36	35	31	38
4月19日	ニューヨーク	63	57	n/a	51	64	62	54	65
4月26日	コネチカット	60	55	n/a	56	58	60	50	69
4月26日	メリーランド	59	50	33	59	54	63	48	62
4月26日	ペンシルベニア	61	54	52	58	57	59	48	66
5月 3日	インディアナ	59	47	47	48	57	56	47	60
5月10日	ウェストバージニア	78	76	64	79	84	69	70	81
	平均	46	39	35	40	45	44	36	49
	中央	44	36	33	36.5	41	43	33	46

CNN Web.

[表5-4] 年間所得階層別トランプ投票者割合

月日	州	(A) 5万ドル未満	(B) 5万〜10万ドル未満	(C) 10万ドル以上	(A)−(C)
2月 9日	ニューハンプシャー	**40**	37	32	+8
2月20日	サウスカロライナ	**34**	**34**	29	+5
3月 1日	アラバマ	**46**	41	**46**	0
3月 1日	アーカンソー	**38**	27	**38**	0
3月 1日	ジョージア	**49**	39	32	+17
3月 1日	マサチューセッツ	**50**	49	49	+1
3月 1日	オクラホマ	**32**	29	26	+6
3月 1日	テネシー	**45**	40	36	+9
3月 1日	テキサス	**39**	25	30	+9
3月 1日	バーモント	**34**	32	30	+4
3月 1日	バージニア	**51**	32	27	+24
3月 8日	ミシガン	**42**	32	37	+5
3月 8日	ミシシッピ	**51**	49	43	+8
3月15日	フロリダ	**48**	45	**48**	0
3月15日	イリノイ	**46**	35	39	+7
3月15日	ミズーリ	41	**45**	30	+11
3月15日	ノースカロライナ	**55**	34	37	+18
3月15日	オハイオ	**41**	40	26	+15
4月 5日	ウィスコンシン	**41**	35	31	+10
4月19日	ニューヨーク	52	62	**64**	−12
4月26日	コネチカット	**67**	59	54	+13
4月26日	メリーランド	49	**60**	51	−2
4月26日	ペンシルベニア	**58**	**58**	55	+3
5月 3日	インディアナ	55	51	**57**	−2
5月10日	ウェストバージニア	**86**	74	69	+17
	平均	**48**	43	41	+7
	中央	**46**	40	37	+7

＊太字は最もパーセンテージが高い値。
CNN Web.

には世帯年収別のトランプ投票者割合を示す。州によっては異なる傾向を示すところもあるが，全体的傾向として，年収が低くなるほどトランプに投票したとする者が多い。所得階層が低くなるほど支持が多いというパターンは，高所得者に強かった4年前のロムニーに対する所得別支持パターンとは対照的であった（井田　2014）。ただ，お膝元のニューヨークでは高所得になるほど支持が高くなる傾向がみられ，同州では成功者としてのトランプに対する共感が垣間見える。

　トランプ支持層が多い社会的属性として，低学歴，低所得，男性，中高年という属性が浮かび上がる。ビル・クリントン大統領の政策アドバイザーを務めたことがあるウィリアム・ガルストンは，2015年11月初旬にウォール・ストリート・ジャーナル紙上で次のように論じている。

> 　トランプ現象はほとんどすべての人たちを驚かせたけれども，トランプ現象は最近のアメリカの歴史を背景にすると理解可能になる。ここ数十年の間，白人の労働者階級の男性たちはアメリカの選挙民の中で最も移ろいやすい要素だった。経済の変化は彼らに激しい打撃を与え，（民主，共和の）両党の政権は彼らを守ろうとも，彼らが受けた損失を補おうともしてこなかった。（中略）1960年代後半から，白人の労働者階級は集団的に民主党を見捨て，今や共和党の支持基盤の中の重要な部分を構成している。この期間の大半で，共和党は社会保守とタカ派的な響きのする外交政策によって彼らを支持者につなぎとめてきた。しかし今や，彼らは自分たちに不利益をもたらすと考える貿易協定，移民改革，古い資本主義などに対して全面的に抵抗しているのである。
>
> （Galston 2015）

白人の労働者階級は，フランクリン・ルーズベルト時代のいわゆる「ニューディール連合」の時代は，民主党の支持基盤であったが，1960年代に人種問題などの「ニュー・ポリティクス」の対立軸の重要性が高まるなか，民主党を離れた。その後は共和党支持基盤の一部でありつづけるわけだが，それは「オールド・ポリティクス」に基づく財政保守（言い換えれば小さな政府派）に共感したことによるものではなかった。共和党主流派は，共和党員たちがトランプ指名に至る前に目を覚まし，主流派と経済的な見解を共有する候補を指名することに望みをつないでいた。しかしながら，予備選の時期に入ってもトランプ旋風は止むことはなく，むしろトランプの支持は拡大していくことになる。

　その背景には，既存の政治に対する不信からくる"アウトサイダー志向"の高まりである。出口調査では，次期大統領に対して，「政治経験のある人がよい」とする人と，「アウトサイダーの方がよい」とする人に割れていたが，トランプは「アウトサイダーの方がよい」とする人に高い支持を受けていた。一例としてバージニア州を挙げると，トランプは回答者の43％に当たる「政治経験のある人がよい」とする人ではわずか5％の支持であったのが，回答者の48％に当たる「アウトサイダーの方がよい」とする層からは，62％の支持を受けていた。また，予備選で初めて投票した人により多くの支持を得たというデータもある。3月15日に行われたノースカロライナ州の出口調査によると，共和党大統領予備選で「以前にも投票したことがある」とした人から38％の支持を得たのに対して，「初めて投票した」人からは52％の支持を得た。

　過去の共和党予備選で勝利を収めた候補者のイデオロギー別の得票パターンは3つのパターンが存在する。第1のパターンは，中道層やリベラル層よりも保守層から多くの支持を得る"保守型"である。レー

ガンやジョージ・W・ブッシュがこれに該当する。第2のパターンは保守層よりも中道リベラル層により多く支持される"中道・リベラル型"であり，フォードとマケインがこの得票パターンであった。第3は，いずれのイデオロギー層からもほぼ均等に支持を得る"フラット型"であり，ブッシュ（父）や1996年選挙で大統領候補に指名されたドールがこの得票パターンであった（Paulson 2013）。

2012年のロムニーの得票パターンはフラット型に近かったが，保守派・原理主義派の有力候補が2名も存在したこともあって，「強い保守層」には弱かった。「強い保守層」からの支持はサントラム支持が最も多く，ロムニー支持率が最も多かったのは「弱い保守層」であった（井田 2014）。[表5-5]に示すように，2016年のトランプの支持パターンも「弱い保守層」で最も高いというパターンを示す。強い保守層からはキリスト教右派の支持を受けた保守派で党内反主流派に位置するテッド・クルーズなどが支持された。トランプはその言動から，極右と位置付けられることも少なくないが，イデオロギー態度と投票の関係からすると「穏健型」の得票パターンとなっている。

大統領選挙において最も重要な争点として，共和党予備選の出口調査では，移民，経済・雇用，テロ，財政問題の4つを回答者に提示し，1つを選択してもらっている。トランプは移民問題を重視する投票者のなかでかなりの支持を得ており，トランプが有力候補に浮上するきっかけとなった対メキシコ人に対する発言のインパクトの大きさがうかがえる。ただ，前回2012年の時から比べると移民問題を最重要イッシューに選択した割合は増加したとはいえ，全体の中では少数派にとどまっていた。また，サウスカロライナ州の出口調査では不法移民について「法的地位を与えるべき」と回答した者（53%）のなかでトランプ

[表5-5] イデオロギー・最重要イッシュー別トランプ投票者割合

月日	州	イデオロギー			最重要イッシュー			
		強い保守	弱い保守	中道	移民	経済雇用	テロ	財政
2月 1日	アイオワ	21	24	34	44	24	21	19
2月 9日	ニューハンプシャー	36	38	32	53	32	29	24
2月20日	サウスカロライナ	29	35	34	51	36	31	25
2月23日	ネバダ	38	50	55	62	48	36	37
3月 1日	アラバマ	41	46	40	61	43	44	36
3月 1日	アーカンソー	27	39	37	54	34	34	28
3月 1日	ジョージア	35	42	44	57	39	41	33
3月 1日	マサチューセッツ	47	51	48	74	42	50	33
3月 1日	オクラホマ	29	25	35	n/a	30	34	24
3月 1日	テネシー	34	43	45	50	40	44	33
3月 1日	テキサス	23	30	34	35	26	34	21
3月 1日	バーモント	27	35	34	n/a	23	47	27
3月 1日	バージニア	36	39	23	42	33	34	32
3月 8日	ミシガン	35	37	37	62	38	39	29
3月 8日	ミシシッピ	41	53	52	56	48	43	50
3月15日	フロリダ	48	48	42	60	43	48	40
3月15日	イリノイ	36	40	41	69	37	40	31
3月15日	ミズーリ	36	43	43	63	42	39	32
3月15日	ノースカロライナ	33	46	40	59	41	44	43
3月15日	オハイオ	36	38	31	68	33	34	32
4月 5日	ウィスコンシン	28	36	40	n/a	30	36	34
4月19日	ニューヨーク	62	67	46	n/a	54	63	57
4月26日	コネチカット	55	67	46	82	58	59	46
4月26日	メリーランド	54	56	50	73	54	54	45
4月26日	ペンシルベニア	48	62	57	73	60	53	50
5月 3日	インディアナ	45	55	61	66	56	54	43
5月10日	ウェストバージニア	75	77	87	n/a	77	n/a	68
	平均	39	45	43	60	42	42	36
	中央	36	43	41	60.5	40	40.5	33

CNN Web.

に投票したとする者は22%にとどまったのに対して,「本国に送還すべき」と回答した者（44%）では47%に上っていた。さらに,トランプが主張したイスラム教徒の米国入国の一時禁止に対する意見によってもトランプ支持率は大きく異なった。一例としてアラバマの出口調査によると,賛成派（78%）では52%がトランプに投票したのに対して,反対派（19%）ではそれが17%にとどまった。

そして,トランプは経済・雇用を重視する投票者からもある程度の支持を得ており,平均値,中央値は4割程度となっている。米国経済の見通しに関しては,悲観的な人ほどトランプを支持する傾向があり,トランプ旋風の背景には経済に対する悲観論の広がりがある。財政問題を選択した人々（そのなかの多くは小さな政府論者と思われる）の支持が低い。小さな政府志向と大きな政府志向というアメリカ政治をめぐる第一の対立軸においては,トランプ候補は小さな政府を志向する財政保守派から支持されたとは言い難い。なお,トランプは参加者を党員に限定する「クローズ型」の党員集会や予備選では比較的苦戦したことから無党派層がトランプ旋風の担い手であるとされた（日本経済新聞　2016年3月8日）。もっとも,トランプ自身が一貫した共和党員ではなく,過去には改革党員や民主党員だったことがある。そのほか,例えばニューハンプシャーの出口調査では,家族で銃保有者がいるかいないかを質問しており,57%を占める「いる」と回答した者のなかでトランプに投票した者は40%であったのに対して,43%を占める「いない」と回答した者ではそれは28%にとどまっていた。この結果から推測すると,トランプは銃規制反対派でより支持されていたと考えられる。

2　クリントン，サンダースは誰から支持されたのか
―民主党予備選―

　[**表5-6**]には共和党，民主党予備選において出口・入口調査による回答者の女性比率，若者比率，非白人比率，大卒者比率，そして年収10万ドル以上の者の比率を示す。このデータから，共和党予備選と民主党予備選の参加者構成の違いが見えてくる。まず，性別をみると共和党の予備選では平均値・中央値ともに女性は48%であり，男性の方がやや多いのに対して，民主党では女性比率がいずれの州でも50%を超え，平均値・中央値ともに58%に上る。このことから女性に支持される候補者が有利ということになる。30歳未満の若者が占める比率は民主党の方が高く，共和党に比べ民主党の方が若者層の影響力が大きい。

　人種的にみると，共和党は「白人の党」であるのに対して民主党はダイバーシティ(多様性)の政党である。本書の冒頭で触れたように，共和党の大統領候補者は人種的に多様化しているが，それは予備選参加者の多様化を伴っていない。共和党で最も非白人比率が高かったのはフロリダの22%である。非白人比率の中央値をみると，共和党は7%であるのに対して民主党は33%である。地域別にみると，2党間の差がとりわけ大きいのは南部の諸州である。南部のサウスカロライナ，アラバマ，ジョージア，テキサス，フロリダでは民主党は過半数が非白人であり，共和党予備選の非白人比率との差が大きい。特にサウスカロライナでは，民主党では非白人が65%であるのに対して共和党ではわずか4%にすぎない。教育程度に関しては，両党間でほとんど差が見られないが，所得別では共和党予備選参加者の方が民主党に

[表5-6] 共和党と民主党の予備選参加者の違い（出口・入口調査による）

州	女性		30歳未満		非白人		大卒		世帯年収10万ドル以上	
	共	民	共	民	共	民	共	民	共	民
アイオワ	48	57	12	18	3	9	51	50		20
ニューハンプシャー	48	55	15	19		7	53	60	41	35
サウスカロライナ	49	79	10	15	4	65	54	40	36	15
ネバダ	48	56	7	18	15	41	49	46		17
アラバマ	51	60	13	14	7	60	44	51	25	20
アーカンソー	48	57	9	17	4	33	45	44	31	21
ジョージア	51	62	10	14	12	62	53	54	41	26
マサチューセッツ	48	58	15	19	8	15	60	67	46	37
オクラホマ	50	54	11	12	9	26	49	49	37	21
テネシー	50	58	8	15	6	37	51	56	34	28
テキサス	50	58	10	20	18	57	53	51	42	27
バーモント	47	57	10	15	3	5	59	71	33	25
バージニア	47	57	12	16	14	37	60	64	49	41
ミシガン	47	55	14	19	7	30	47	46	30	24
ミシシッピ	50	64	12	15	7	76	44	43	27	12
フロリダ	51	58	9	15	22	52	53	48	35	19
イリノイ	50	54	12	17	8	42	51	53	39	28
ミズーリ	48	55	13	16	7	28	46	52	27	25
ノースカロライナ	50	58	13	18	6	38	51	58	32	25
オハイオ	49	56	12	15	6	26	52	49	36	26
ウィスコンシン	47	57	10	19	4	17	47	52	36	26
ニューヨーク	44	59	10	18	9	41	51	58	40	30
コネチカット	43	61	8	15	8	26	59	62	53	44
メリーランド	48	61	12	14	9	57	58	58	51	43
ペンシルベニア	47	60	10	12	6	32	49	45	33	22
インディアナ	47	59	12	19	6	28	49	52	34	25
ウェストバージニア	49	53	17	15	3	8	37	39	27	16
平均	48	58	11	16	8	35	51	53	37	26
中央	48	58	12	16	7	33	51	52	36	25

空欄はサイト上に表示なし。CNN Web.

比べて年収10万ドル以上の高所得層が平均して1割程度高い。民主党予備選参加者は共和党予備選参加者に比べ，経済格差の問題に対してより反応しやすい条件を持つといえる。

今回の民主党予備選においては北東部バーモント州選出の上院議員，バーニー・サンダースが若者に圧倒的な支持を受けたことが最も印象的であった。サンダースが出馬表明を行ったのは2015年4月末であり，出馬表明演説で「政治革命」という言葉を使った。出馬表明演説の一部を紹介しよう。

> 今日，私たちはここに立ち，大声ではっきりと「もうウンザリだ」と言うのです。この偉大な国とその政府は，一握りの億万長者だけでなく，全ての人々のものなのです。(中略) 今は相も変わらぬ体制側の政治と，陳腐なワシントンの官僚たちのアイデアを求める時ではありません。 (西森 2016)

選挙戦開始当初のサンダース支持率はクリントンよりも40ポイント以上低く，したがって，ここまでの旋風を起こすとは考えられていなかった。上院議員であったサンダースは自らデモクラティック・ソーシャリスト(民主社会主義者)と名乗り，アメリカの政界では急進左派に位置するいわば「アウトサイダー」的位置にあり，共和党のトランプと共にアウトサイダー旋風の主役となった(朝日新聞 2015年11月7日)。彼の主な主張は，政府による医療保険をすべての人に，大手金融機関の解体，最低賃金を時給15ドルに引き上げ，公立大学の授業料無料化，などであった。そして，大企業からの政治献金を受けるスーパーPACを持たず，インターネットを通じた少額献金者からの献金を集めた。サン

ダースの主張と選挙戦の手法はとりわけ若者から大きな支持を得る一方,ウォール街との関係が深いとされるクリントンは若者の支持が伸び悩んだ(朝日新聞　2016年2月3日)。サンダースの支持は増大傾向を示し,2015年6月時点では1割程度であった支持率は同年11月になると3割台に達し,予備選でクリントンと勝負になる可能性が見え始めた(Real Clear Politics)。

サンダースは初戦のアイオワでは敗れたが,第2戦の東部ニューハンプシャーで圧勝し,同州では若年層から圧倒的な支持を得たのに加え,中高年層からも支持された。彼は2000年以降に成人となった「ミレニアル世代」といわれる35歳以下の年齢層に熱狂的な支持を得た。この世代は格差問題に批判的な人が多いといわれる。ただ,サンダースが大勝したニューハンプシャーにおいても,民主党候補者の資質として「本選で勝てる」ことを重視した投票者は8割がクリントンに投票しており,サンダースでは本選は勝てないと考えていた人も多かった。(日本経済新聞　2016年2月11日)。

[**表5-7**]には,性別,年齢階層別,教育程度別のクリントン投票者割合を示す。男女別にはいわゆるジェンダーギャップがはっきりと認められる。ここに示すすべての州で,ヒラリー支持は女性の方が男性よりも高い。平均値,中央値ともに,女性のクリントン支持率は男性よりも11ポイント高い。クリントンは2008年の民主党予備選でも若年層に弱かったが,今回の程度はその比ではなかった。教育程度別の支持は,一貫した傾向がみられず,平均値,中央値において両候補の差はみられない。サンダースは公立大学の授業料や学生ローンといった大学進学者向けの政策も打ち出す一方,格差是正という政策も打ち出していることから,このような結果となったとみられる。

[表5-7] 性, 年齢, 教育程度別クリントン投票者割合

月日	州	男	女	−29	30−44	45−64	65−	大卒	非大卒
2月 1日	アイオワ	43	57	14	37	58	69	51	48
2月 9日	ニューハンプシャー	32	44	16	32	45	54	43	31
2月20日	ネバダ	44	57	14	35	61	74	54	48
2月27日	サウスカロライナ	68	79	46	75	77	88	70	77
3月 1日	アラバマ	73	80	52	77	82	85	76	79
3月 1日	アーカンソー	60	76	42	53	80	81	70	68
3月 1日	ジョージア	66	76	46	65	80	80	71	73
3月 1日	マサチューセッツ	41	57	35	55	51	59	54	41
3月 1日	オクラホマ	33	48	17	26	48	53	45	36
3月 1日	テネシー	64	70	39	56	76	82	64	69
3月 1日	テキサス	61	70	40	58	75	87	65	67
3月 1日	バーモント	9	17	5	9	13	23	15	10
3月 1日	バージニア	57	70	30	57	72	85	64	63
3月 8日	ミシガン	44	51	19	42	57	69	48	49
3月 8日	ミシシッピ	79	85	62	79	90	91	78	88
3月15日	フロリダ	57	70	35	64	72	70	64	64
3月15日	イリノイ	45	55	14	42	60	70	49	53
3月15日	ミズーリ	44	54	21	39	58	69	48	51
3月15日	ノースカロライナ	49	59	28	50	62	69	53	58
3月15日	オハイオ	48	63	19	45	66	77	57	54
4月 5日	ウィスコンシン	35	49	18	33	54	62	41	45
4月19日	ニューヨーク	50	63	35	53	63	73	56	58
4月26日	コネチカット	43	57	17	45	58	70	54	47
4月26日	メリーランド	55	68	29	55	77	70	62	64
4月26日	ペンシルベニア	49	60	17	47	65	67	56	55
5月 3日	インディアナ	43	50	26	36	57	67	50	44
5月10日	ウェストバージニア	34	37	25	23	43	44	38	34
	平均	49	60	28	48	63	70	55	55
	中央	48	59	26	47	62	70	54	54

CNN Web.

[**表5-8**]には30歳未満の若年層の両候補に対する支持を示す。27州のうちの11州でサンダースは若者の8割以上の圧倒的支持を得た。特に,初めの3州(アイオワ,ニューハンプシャー,ネバダ)で立て続けに若者の8割以上の支持を得たことはサンダース候補が広く注目されるきっかけのひとつとなった。27州のうちヒラリーの方が上回ったのは,アラバマ,ミシシッピの南部2州だけである。そのほか,南部のジョージア,サウスカロライナ,テネシー,テキサスでサンダースは若者の圧倒的支持を得るところまではいかなかった。これらの諸州は非白人投票者の割合が高く,非白人の若者のなかでヒラリー支持が多かった結果である。とはいえ,サンダースがここまで若者の支持を得た背景には,米国の経済格差の拡大や大学の学費高騰,それに伴う学生ローンの増大に苦しむ若者の増加がある。

　近年のアメリカでは,初の黒人大統領が誕生したとはいえ,白人警官が黒人を不当に射殺したとされるケースが続発し,それに対する抗議デモが各地で行われるという事態がしばしばみられている。[**表5-9**]には人種別のヒラリー支持者の割合を示す。いずれの州でもヒラリーは白人よりも非白人からの支持が高くなっている。非白人の中でも黒人からの支持が最も高い。地域別にみると,非白人のクリントン支持がとりわけ高いのが南部である。サウスカロライナ,アラバマ,アーカンソー,ジョージア,テネシー,ミシシッピといった州では非白人のヒラリー支持は8割を超える。なお黒人に限ると,クリントン支持率はアラバマとアーカンソーでは9割を超える圧倒的な支持であった。

　南部のいくつかの州の出口調査では「人種問題を扱うのがうまくやれるのは誰か?」という質問をしている。結果は,サウスカロライナでは,「クリントンだけ」35%,「サンダースだけ」10%,「両候補とも」50%,ア

[表5-8] 若年層の投票選択

月日	州	クリントン	サンダース	差
2月 1日	アイオワ	14	84	+70
2月 9日	ニューハンプシャー	16	83	+67
2月20日	ネバダ	14	82	+68
2月27日	サウスカロライナ	46	54	+8
3月 1日	アラバマ	52	40	-12
3月 1日	アーカンソー	42	58	+16
3月 1日	ジョージア	46	54	+8
3月 1日	マサチューセッツ	35	65	+30
3月 1日	オクラホマ	17	82	+65
3月 1日	テネシー	39	61	+22
3月 1日	テキサス	40	59	+19
3月 1日	バーモント	5	95	+90
3月 1日	バージニア	30	69	+39
3月 8日	ミシガン	19	81	+62
3月 8日	ミシシッピ	62	37	-25
3月15日	フロリダ	35	64	+29
3月15日	イリノイ	14	86	+72
3月15日	ミズーリ	21	78	+57
3月15日	ノースカロライナ	28	72	+44
3月15日	オハイオ	19	81	+62
4月 5日	ウィスコンシン	18	82	+64
4月19日	ニューヨーク	35	65	+30
4月26日	コネチカット	17	83	+66
4月26日	メリーランド	29	68	+39
4月26日	ペンシルベニア	17	83	+66
5月 3日	インディアナ	26	74	+48
5月10日	ウェストバージニア	25	70	+45

差は，サンダース−クリントンの値（筆者算出）。CNN Web．

[**表5-9**] 人種別クリントン投票者割合

月日	州	白人	非白人	差	黒人	ヒスパニック
2月 1日	アイオワ	49	58	9	n/a	n/a
2月 9日	ニューハンプシャー	37	49	12	n/a	n/a
2月20日	ネバダ	47	56	9	76	45
2月27日	サウスカロライナ	54	85	31	86	n/a
3月 1日	アラバマ	59	89	30	91	n/a
3月 1日	アーカンソー	62	83	21	91	n/a
3月 1日	ジョージア	58	81	23	85	n/a
3月 1日	マサチューセッツ	49	59	10	n/a	n/a
3月 1日	オクラホマ	36	56	20	71	n/a
3月 1日	テネシー	57	85	28	89	n/a
3月 1日	テキサス	57	73	16	83	71
3月 1日	バージニア	57	76	19	84	n/a
3月 8日	ミシガン	42	63	21	68	n/a
3月 8日	ミシシッピ	68	88	20	89	n/a
3月15日	フロリダ	53	74	21	81	68
3月15日	イリノイ	42	63	21	70	49
3月15日	ミズーリ	45	61	16	67	n/a
3月15日	ノースカロライナ	43	74	31	80	n/a
3月15日	オハイオ	53	67	14	71	n/a
4月 5日	ウィスコンシン	40	57	17	69	n/a
4月19日	ニューヨーク	50	68	18	75	64
4月26日	コネチカット	48	62	14	69	n/a
4月26日	メリーランド	52	72	20	75	n/a
4月26日	ペンシルベニア	51	64	13	70	n/a
5月 3日	インディアナ	41	63	22	74	n/a
	平均	50	69	19	78	59
	中央	50	67	20	75.5	64

＊CNN Web.3月1日のバーモントと5月10日のウェストバージニアは「非白人」がn/aのため省略した。

[図5-1] イデオロギーと投票(中央値)

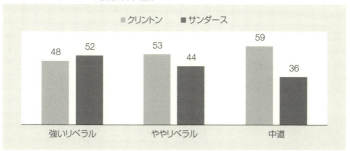

ラバマでは「クリントンだけ」47%,「サンダースだけ」10%,「両候補とも」37%, アーカンソーでは,「クリントンだけ」35%,「サンダースだけ」17%,「両候補とも」36%という回答分布となっていた。これら3州の結果は,いずれもヒラリーがサンダースよりもうまく扱えると回答した参加者が「サンダースの方がうまく扱える」と考える者を大きく上回った。サンダースが予想外の善戦をしたものの最終的にクリントンに敗れた一因は,とくに南部の非白人層に浸透できなかったことにある。

[図5-1]には,イデオロギー態度および最も重要なイッシューについての回答によるクリントン投票者割合に関するアイオワからインディアナまでの中央値を示す。全体としてクリントンは強いリベラル層より弱いリベラル層に,弱いリベラル層よりも中道層に支持されるパターンを示す。サンダースはその逆のパターンである。

最重要争点別のサンダース支持率の中央値(アイオワからインディアナまで)は,医療保険39%, 経済・雇用41.5%, テロ29%, 経済格差60%

[図5-2] 最も重要なイッシューと投票(中央値)

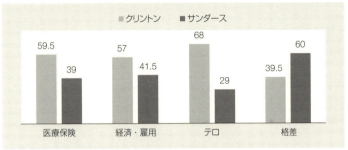

であった([図5-2])。サンダースが最も力点を置く格差問題を重視した者に関してはサンダース投票者の割合はクリントン投票者の割合を上回った。「ウォールストリートを占拠せよ」運動に表れた米国社会における格差拡大が,選挙戦で格差是正を強く訴えるサンダース候補の善戦を生んだ背景にある。

アメリカにおける格差拡大については,自らの生活程度を「中の上(アッパーミドルクラス)」あるいは「中(ミドルクラス)」と位置付ける者の減少という事実などから読み取れる。ギャラップ調査によると,2000年から2008年までの間にこれらのいずれか(「中の上」あるいは「中の中」)に自らを位置づけた者の平均は61%であったが,2009年以降になると50%,51%の水準に下降していた。他方,「労働者」あるいは「下流(ロウワークラス)」であると答えた人の割合は2000年には33%だったのが,2012年以降になると半数に迫る47,48%の水準に上昇している(Gallup 2015a)。

また，民主党支持者のなかには，格差是正を求める声が非常に強い。ギャラップが2015年4月に実施した調査のなかで，「アメリカの富の配分はフェアか？」という質問をしている。党派心別に見ると，「フェアである」と答えた人は，共和党支持層では56%であったのが，民主党支持層ではわずか12%でしかなく，86%の民主党支持者が「より平等に富が配分されるべきだ」と考えていることがわかっている（Gallup 2015b）。このような政党帰属意識による意識の違いが，民主党にとってサンダースのような格差是正を前面に出す左派候補者への支持を生む背景にある。

3　世界中に衝撃を与えた選挙結果—2016年本選挙—

● 再び逆転現象に泣かされた民主党

　2000年以降の大統領選挙を振り返ると，リーマンショック直後の2008年選挙を除いて，いずれも最後まで予断を許さない大接戦が展開され，2大政党の力が拮抗状態にあることを繰り返し示した。言いかえれば，2000年以降の大統領選は"大接戦時代"として特徴づけることができる。2016年選挙もまた，大接戦であった。2016年本選挙におけるトランプの勝利は「逆転勝利」といわれ，支持率でクリントンの後塵を拝していたトランプが最後の最後で逆転したという意味で用いられる。また，2008年選挙でオバマの「変化（チェンジ）」というメッセージが大きなインパクトを持ったように，トランプの「アメリカを再び偉大な国にする（Make America Great Again）」というメッセージが強いインパクトを与えた結果でもあった。このメッセージに対してクリントンは，「アメリ

カは今でも偉大だ」と応戦した。けれども, 21世紀に入ってから発生した, 同時多発テロ, イラク戦争の泥沼, リーマンショック, テロの恐怖など, アメリカが衰退しているという感覚を持っている人が多かったように思える。

ただ, 全米の総得票数ではクリントンが上回るという「逆転現象」が出現した。ここでいう逆転現象とは, 全米の総得票数でトップであった候補者が獲得選挙人数で敗北することをいう。この逆転現象は2000年のブッシュ Jr. 対ゴアの時に112年ぶりに表れ, その時は得票数では民主党のゴアが上回ったにもかかわらず獲得選挙人数はブッシュが上回った。したがって, 民主党は再び逆転現象に泣く結果となった。2000年から2016年まで行われていた計5回のうちの4回で, 民主党は一般投票で共和党を上回ったのにもかかわらず, 結果は2勝3敗と負け越している。

これは間接選挙の形態を採用するが故に生じる現象だが, そもそも間接選挙の形態が採用されたのは, 米国建国初期の1787年の憲法会議で, 多くの国民は教育を受けておらず, 一般国民には大統領を選ぶ能力がないという認識から導入されたものであった。考えてみれば200年前にはテレビもラジオもなく, かつ教育も受けていない一般市民が一国のトップを選ぶというのは難しいと考えるのは自然である。当初は連邦政府の事情に明るい上院議員と下院議員による投票を想定していたという説もある。しかし, 次第に各州は選挙人の選出を州民の権限とするようになり, 1800年代初頭には過半数の州がそのようにした (阿部 1978)。ともあれ, 当初は文字通りの間接選挙であり, 一般有権者が選挙人に大統領の選出を委任するという形式であった。しかし, 今日では選挙人は自由な選択意思ではなく, 各州の政党がリ

ストとして一般有権者に提示し,自由意思で投票することは原則として許されない。したがって,実態は限りなく直接選挙に近いといえ,選挙人というよりも"代理人"といった方が近い。しかしながら,2000年と2016年に生じた逆転現象は,直接選挙そのものとはいえないことを再確認させる。この間接選挙については廃止すべきとする意見も多く,実際数多くの廃止法案が議会に提出されたが,現在も継続している。2000年や今回のような逆転現象が生じる原因として,ほとんどの州が勝者総取り方式を採用していることがあげられるが,ここ5回の選挙のうちの2回で逆転現象が発生したということは,この制度の廃止を求める声が再び浮上する契機とはなるだろう。

　ちなみにギャラップは1948年から何回か,選挙人団を伴う間接選挙制度の廃止について世論調査で質問しており,すべての調査で「廃止すべき」とする回答者が過半数を占めている。そして票の集計をめぐって大混乱した2000年選挙後の調査では,30%だけが選挙人団に関する制度について「よく知っている」と回答し,28%は選挙人団については「ほとんど何もわからない」と答えている。直近の調査として2013年調査があり,選挙人団をなくすことに63%が賛成している(Terrance 2016)。とはいえ,過去の事例をみてもその廃止が容易でないことに違いはない。議会で廃止法案が可決に至らないのは,2大政党制の維持と州の強い自治権の維持に選挙人団制度が寄与しているという認識があるからである。

外れた予測

　選挙前の世論調査からはクリントン有利というのが大方の予想であった。リアルクリアポリティクスが各種世論調査の平均値を時系列に

[表5-10] 主要メディアの直前予測

	クリントン	トランプ	拮抗
USA TODAY	202	164	172
CNN	268	204	66
ABC	274	188	76
RCP	203	164	171

＊RCPはリアルクリアポリティクス。

まとめているが，2016年7月から投票日直前までの期間でトランプ支持率がクリントンを上回ったのは7月下旬の共和党大会直後のいわゆるコンベンション・バウンスが生じたときだけであり，あとは常にクリントンがリードしていた。ただ，10月末にFBIによるクリントンのメール問題の再捜査開始が報じられると，支持率の差は縮小し，選挙の帰趨は予断を許さなくなった。とはいえ，選挙人獲得数の予想では多くのメディアがクリントン有利の状況を伝えていた。例えばリアルクリアポリティクスはクリントンが203人，トランプが164人，拮抗が171人と判断していた。またCNNはクリントン268人，トランプ204人，拮抗66人と予測し，拮抗州としてアリゾナ，フロリダ，ネブラスカのなかのひとつの選挙区，ネバダ，ニューハンプシャー，ノースカロライナが挙がっていた[表5-10]。

[表5-11]にはここ2回の選挙結果からみた接戦州を示す。ここで接戦とは主要2候補間の得票率の差が5ポイント以内であった州を指す。2012年には，この条件に該当する州は4州しかなかったのに，2016年にはそれが12州に増加している。この中には中期的にみて，民主党が強い州で共和党の力が増したことによって接戦となってきた

[表5-11] 選挙結果からみる接戦州

2016年	2012年
アリゾナ	オハイオ
コロラド	フロリダ
フロリダ	ノースカロライナ
メイン	バージニア
ミシガン	
ミネソタ	
ネバダ	
ニューハンプシャー	
ノースカロライナ	
ペンシルベニア	
バージニア	
ウィスコンシン	

州と，反対に共和党が強かったが民主党の力が増して接戦になった州がある。前者に該当する州として，ミシガン，ニューハンプシャー，ペンシルベニア，ウィスコンシン，メインが挙げられる。逆にかつては共和党の地盤でありながら民主党の力が伸びてきた州としてはアリゾナ，コロラド，ネバダといった西部に位置する3州がある。このうちコロラドとネバダは2012年，16年ともに民主党が制したが，16年の方が共和党との差が縮まったことにより，接戦州に入った。なお，2012年と2016年の得票率差を比較すると，共和党は接戦州で前回より健闘したが，非接戦州全体では前回と変わっていない。両陣営が選挙戦終盤で力を入れた接戦州で共和党が健闘したという事実は，トランプのキャンペーン効果がクリントンのそれを上回ったことを意味する。そ

のほか，選挙前に接戦州に加えられることが多かった南部ジョージア州も差を縮める傾向にある。つまり，人種的マイノリティの割合が多い西部と南部では相対的に民主党の力が強くなり，白人比率の高い北東部，中西部では相対的に共和党の力が強くなったことによって接戦州に加わる傾向がある。この現象は近い将来において，選挙地図が変わっていく可能性があることを示唆している。

　ともあれ，選挙人獲得数ではトランプがクリントンを上回り，勝利を収めたわけだが，その要因として考えられる要因は次のとおりである。グローバル化などに伴う低～中間所得層の怒り，ワシントン政治への批判，オバマ大統領政権への批判，政権交代期，アメリカがかつてのアメリカではなくなる危機感，クリントン候補への飽きと批判，が挙げられている。このうち，政権交代期とは，第二次大戦後のアメリカが多くの場合，8年間で政権が2大政党間で交代していることである。共和党政権が8年間続くと，もっとリベラルな政権を望むようになり，民主党政権が8年間続くと，もっと保守的な政権を望むようになり，「そろそろ代え時」と考える有権者が政権交代を起こすという見方である。筆者が話をした保守派のアメリカ人の学者は，オバマ政権の不法移民政策に対して怒っており，また保守派のアメリカ人学生からは，保守派の本音を何度か聞かされた。彼がしばしば言うのはリベラル派の多様性（ダイバーシティ）を認める方向性に対する反発や，銃規制に対する反対論であった。例えば，同性婚のような倫理的問題や不法移民の扱い，また医療保険制度などにおいて，オバマ政権の間にリベラルに行き過ぎているという認識が横たわっているように感じた。

　確かに，ここのところのアメリカは，同性婚や銃規制，医療保険などリベラルな方向に進んでおり，また，なんといっても人口構成において

多様化が急速に進行している。先に挙げた，保守派の学生は，「レストランでヒスパニックの従業員同士がスペイン語で話しており，不愉快だったので，『あなた方の英語のアクセント（なまり）はわかりません』と言ってやった」と筆者に話した。アメリカで生活しながら英語を話そうとしないことに不快感を抱いている。医療保険については，2016年選挙での出口調査によると，オバマケアに対して「まだ不十分」と回答した人が30%，「おおむね良い」が18%であったのに対して，「行き過ぎだ」と回答した人が47%にも上っている。しかし他方で，出口調査におけるオバマ政権に対する支持率は50%を超えており（支持53%，不支持45%），オバマ政権全般に対する批判がさほど強かったわけではない。ちなみにオバマが再選を果たした2012年選挙での支持率とほとんど差はなかった。

　今回の選挙で世論調査に基づく予測が外れた原因として「隠れトランプ」の存在が指摘されている。この仮説は，調査で電話がかかってきた場合や友人・知人と政治の話をする際，「トランプに投票する」と回答すると，人種差別主義者や無教養の人だと思われかねないため，会話の中でも口外せず，仮に世論調査の電話がかかってきても言わなかったために，結果的にトランプ支持が過小評価されたという説明である。また，ほぼ一貫してクリントン優位が報道で伝えられていたため，「どうせトランプに入れても負けるだろう」とトランプに入れた投票者も存在したかもしれない。これはアナウンスメント効果の一種といえるが，このような層も「隠れトランプ」層といえる。近代的世論調査は1930年代のアメリカで始まり，その目的として米大統領選を少しでも早く予測することにあった。そのことを想起すると，今回の予測が外れたことは，「調査大国」アメリカの威信にも傷がついたとみることができる。

ただ，世論調査が外れた原因を「隠れトランプ」だけに求めるのは問題があると考えている。この点については機を改めて論じたい。

しばしば指摘されたように，今回の選挙の特徴のひとつは，「嫌われ者どうしの戦い」という点にもあった。ギャラップ調査の歴史の中でトランプとヒラリーは嫌われ度が歴代1位と2位の候補者であった。しかし，このことは両候補者の存在感がとりわけ高かったことも示唆している。また，トランプのキャンペーンのやり方に対する満足度は今までの中で最も低く，クリントンのキャンペーン満足度は3番目に低かった（Newport 2016）。しかし相対的にはトランプの方がより嫌われており，この結果もクリントン有利の根拠になり得る材料のひとつであった。

長期間にわたる予備選，本選挙を通じて常に本命候補者であり続けたヒラリー・クリントンであったが，予備選での予想外の苦戦が本選での苦戦を暗示していたともいえる。また，トランプの政治経験ゼロという経歴が今回の選挙ではマイナスに作用せず，プラスに作用したという点も注目に値する。政治経験ゼロのトランプ候補と政治経験豊富なクリントンという対決はこの点で対照的であった。よく「ヒラリーは30年やってきて何もやってないじゃないか」という有権者の声が聞かれたが，トランプは経験がないということが逆に「何かをやってくれるかもしれない」という期待感をもたらした面があった。また，両候補に対するネガティブな報道は，悪役であったトランプよりもヒラリーの側により大きなダメージを与えたと考えられる。また，メディアの選挙報道はクリントン寄りであるとみなしている有権者が52％に上っており，トランプ寄りと感じている有権者は8％にとどまった（Gallup 2016/11/3）。トランプは選挙戦終盤でメディア批判を繰り返したが，トランプ支持者の中にはメディア嫌いの人が多く存在すると考えられ，メディアによる世論調査に

回答を拒否したため世論調査の結果をゆがめたという仮説も立てられる。

　出口調査ではクリントンを「好ましい」と回答した人は44%であったのに対して「好ましくない」と回答した人は54%であった。トランプに対しては「好ましい」と回答した人は38%であったのに対して「好ましくない」と回答した人は60%であった。ただ，別の質問で，両候補とも好ましくないと回答した18%の人の投票行動は，クリントン29%に対してトランプ49%とトランプが上回った。いうまでもなく，選挙戦を通じたネガティブ報道はクリントンよりもトランプの方が圧倒的に多かった。度重なる問題発言，妻の不法就労疑惑，納税証明の不提示，女性蔑視発言など枚挙にいとまがなかった。しかし，トランプは政治家経験がないだけに，政治家としての業務に関わるスキャンダルは出ようになかったのに対して，クリントンのメール問題は政治家としての業務に関わるだけにインパクトが大きかったとみることもできる。また，数年前の「ウォールストリートを占拠せよ」運動を想起すると，クリントンとウォール街との関係は，現状に批判的な若者たちを遠ざける要因になった。

　また，投票決定の際に最も重視した候補者の資質としては，「自分のような人たちをケアしてくれる」15%，「必要な変革を成し遂げることができる」39%，「ふさわしい経歴」21%，「良い判断力」20%という分布となっていた。このうち最も多かった「必要な変革を成し遂げることができる」を選択した投票者のうちのじつに83%がトランプに投票している。2008年選挙では「変革（チェンジ）」を訴えた民主党のオバマが勝利したことを考えると，皮肉な感じがする。その他の3つの選択肢を選んだ投票者はいずれもクリントン投票者の方が多い。今回の大統領選の主役は，クリントン，トランプ，サンダースの3名であったが，ト

ランプとサンダースが左右の改革派の位置にいると認識され、クリントンが現状維持派に位置していたように思われたことも、ヒラリー・フィーバーが起きなかった原因であろう。

● 投票行動の社会学的分析

[表5-12]には、出口調査結果による社会的属性別の投票選択を示す。まず、男女別にはいわゆる"ジェンダーギャップ"が認められ、男性はトランプ、女性はクリントンに投票した人が多数、という結果となった。ただ、男性は共和党、女性は民主党という投票傾向は1980年代から今日まで一貫して続いている事実でもある。社会的属性の視点からすると、今回の選挙では、白人女性候補のヒラリーの存在が、白人女性をさらに民主党へと向かわせる要因となりえたが、結果的に白人女性の民主党への投票割合はほとんど増加せず、共和党優位の状況が続いた。また、白人男性に関しては、共和党と民主党との差が広がりつつあり、2012年には27ポイント差であったのが2016年には32ポイント差に広がっている。オバマからクリントンへ、つまり黒人から白人への民主党候補者の交代は、人種的マイノリティの民主党支持の減少をもたらした一方で、さりとて白人の民主党支持の上昇をもたらさなかった。特にクリントンと同じ属性である白人女性の支持の上昇をもたらすことができなかった点が、民主党にとって深刻な事実といえるだろう。マイノリティがどんどん増えていくトレンドに対して心理的抵抗感を抱いている白人が多いことをこの結果が表しているという解釈も可能である。

年齢階層別には、比較的若い層はクリントン、比較的年長の層はトランプとなった。年長者はトランプの「アメリカを再び偉大な国に」という、

[表5-12] 社会的属性と投票選択(出口調査データ)

%	属性・意識	2016年 クリントン	トランプ	2012年 オバマ	ロムニー	注目点
	性別					
48	男	41	53	45	52	
52	女	54	42	55	44	
	年齢					
19	18-29	55	37	60	37	!
25	30-44	50	42	52	45	
40	45-64	44	53	47	51	
15	65-	45	53	44	56	
	人種					
70	白人	37	58	39	59	
12	黒人	88	8	93	6	!
11	ヒスパニック	65	29	71	27	!
4	アジア	65	29	73	26	
34	白人男性	31	63	35	62	
37	白人女性	43	53	42	56	!
	学歴					
50	大卒	52	43	50	48	
50	それ以下	44	52	51	47	!
	収入					
36	5万ドル未満	52	41	60	38	
31	5万～10万ドル未満	46	50	46	52	
33	10万ドル以上	47	48	44	54	!

＊左端の数値は回答者全体に占める各属性該当者が占める割合を示す。CNN Web.

見方によってはノスタルジックなメッセージが中高年層の心に届いたのであろう。注目すべきは若年層(18～29歳)の民主党投票者の割合が4年前に比べ5ポイント低下していることである。予備選段階で圧倒

的にサンダースを支持した若年層の票を得るべく，クリントン陣営は選挙戦終盤にサンダースのみならず，多くの著名芸能人の応援を受けた。そのわりに，若者のクリントン支持は広がりに欠けたといえる。思い起こせば，予備選での若者を中心として巻き起こったサンダース旋風が，クリントン陣営からすると，「嫌な予感」をもたらす現象であった。

　黒人，ヒスパニック，アジア系といった人種的マイノリティはクリントンが多数を占めた。投票者に占めるマイノリティ割合の上昇は民主党に利する要因であったが，マイノリティによる支持が減少したことによって結果的に相殺されたといえる。

　学歴別には，大卒者はクリントン，非大卒はトランプが過半数という結果となっている。4年前はオバマ，ロムニーの間にほとんど差がなかったことを考えると，今回は学歴ファクターが作用した選挙となった。この調査結果は，トランプが，以前は民主党を支持していた層の一部の取り込みに成功したことを示唆する。

　所得階層別に見ると，5万ドル未満の低所得層はクリントン，5万ドル以上はトランプであったが，このパターンは以前から見られる。トランプの主要支持基盤として白人の中低所得者層の存在が指摘されたが，この結果は一見すると，その仮説を否定するデータのようにも見える。しかし，もともと民主党支持者には中低所得者層が多いので，過去のデータとの比較が必要である。前回2012年と比較すると，世帯年収5万ドル未満の所得層のなかで民主党に投票した人の割合が8ポイント低下し，年収10万ドル以上の高所得層で共和党に投票した人の割合が6ポイント低下した。トランプが低所得層の支持を従来の共和党候補者よりも獲得した半面，高所得層に支持を失っていることがうかがえる。今回の結果は「高所得者は共和党，低所得者は民主

党」という従来の図式がほぼ通用しなかったという事実を表している。

● ── **むすび**

　本選挙直後に行われた世論調査によれば，トランプの勝利は多くのアメリカ人に驚きをもって受け止められていた。選挙直後にギャラップが実施した全国調査では，トランプ勝利という選挙結果に「驚いた」と回答した人は75％にも上り，トランプに投票したとする者の間でさえ62％がこの結果に「驚いた」と回答している。つまりトランプ支持者の中にも，トランプは善戦しているが結局のところは負けるだろう，と思っていた人が多かったことがうかがえる。また，この結果を「恐ろしい」と感じた人は42％に達し，クリントン投票者に限るとそれは76％に達した。反対にトランプ投票者の91％は選挙結果に「ほっとした」と回答している。2大政党の両極化が進行している背景もあり，クリントン投票者にはトランプ当選に対する恐怖感すら抱いている半面，トランプ投票者もさらなる民主党政権の継続に相当な危機感を抱いていたことがうかがえる結果である(Norman 2016)。

　2016年大統領選は，アメリカの分断状況を再確認させるどころか，亀裂がより深まっていることを印象づけた。もはやアメリカの民主党支持者と共和党支持者との間には，抜き差しならぬ対立状態にあるように見える。そして拮抗する支持状況が亀裂をさらに深める作用をしている。トランプの演説会場でたびたび見られた抗議や乱闘，そして選挙後に様々な場所で起きた「私の大統領ではない」と叫ぶ反トランプデモは，つまるところトランプ自身に対する怒りの表れであると同時に，問題発言を繰り返すトランプを支持する有権者が多いことへのいらだちの表れでもあった。また，投票日直前にはトランプも自分が負けたら

法的措置をとるといった発言もあり、今回の選挙は、アメリカン・デモクラシーの危機さえも感じさせる選挙であった。

　本選挙に関する記述は、11月の投票日後の数日間で、書き足したものである。当初は「トランプは泡沫候補のひとりにすぎない」、あるいは「トランプ人気は一時的なものでいずれ失速する」と多くの識者が論じていたことを想起するにつけ、最後までトランプ人気が衰えなかったという現象については、さらなる細かい分析が必要である。

あとがき─The Divided States of America ─

「しかしよくもこれだけ接戦になるものだ」。これは2000年以降の大統領選の選挙結果および大統領選挙戦中の世論調査結果をみて何度も抱いた感想である。リーマンショック直後という異例の状況下で行われた2008年選挙を除いて，まるで「神の見えざる手」に導かれたように，最後の最後まで「どちらが勝ってもおかしくない」大接戦が展開された。そして選挙結果に失望して自州をアメリカから分離させようとする運動の署名活動が行われたり，隣国のカナダへの移住を希望するアメリカ人が多く存在したり，というニュースも流れる。また，2016年の選挙後では，各地で発生した反トランプデモの報道を知るにつけ，アメリカが政治意識の面で抜き差しならない分裂状況にあることを知らされる。アメリカのなかは，もはや価値観が違いすぎて会話もない夫婦のような，家庭内別居状態にあるともいえる。2000年以降の大統領選挙で目にするアメリカは，The United States of Americaではなく，The Divided States of America である。

　21世紀のアメリカは人口学的に大きな変化が生じつつある。4半世紀後には白人割合が過半数を割り，ヒスパニック系住民やアジア系住民が大幅に増加する勢いにある。このような人種的多様化の加速化に対抗する運動として，ネット右翼運動である「オルトライト」にも注目が集まっている。アメリカの世論の分裂は人口構成や価値観に関する「多様化」に対する基本的な肯定的な意識と，多様化に対する抵抗感との対立軸に基づいているようにみえる。

　また，世論調査大国であるアメリカでありながら，2016年選挙では

世論調査が外れたという事実も，調査大国アメリカにとってひとつの挫折経験であるといってもよい。もともと，世論調査はアメリカの大統領選挙結果をいち早く知りたいという市場関係者などのニーズから発達したことを考えると，世論調査が結果を予測できなかったという事実は，世論調査手法やデータの読み方を再考する必要性を我々に突き付けている。2016年は6月に行われたイギリスのEU残留・離脱を問う国民投票においても，世論調査が結果を外しており，2016年という年は「世論調査敗北の年」と捉えることも可能である

　4年に1度行われる大統領選挙は，アメリカという超大国がどのような現状にあり，またどこに向かっているのかという点について，世界中の人々に情報を提供する定期診断の役割も担っている。本書では，選挙結果統計，出口調査，国勢調査などのデータに基づき，21世紀初頭のアメリカ大統領選挙について解説し，検討を加えた。ひとくちにアメリカと言っても，州によって人々の政治意識は大きく異なることから，州別の考察に重きを置いた。ただ，同じ州の中でも，都市部と非都市部とでは意識に大きな乖離がみられ，さらに細かい考察も必要である。この点については機会を改めて試みたいと考えている。

参照文献・ウェブサイト

● ──── 序章

Abramson, Paul R., John H.Aldrich, Brad T. Gomez, and David W.Rohde 2015. *Change and Continuity in the 2012 Elections*(Los Angeles: Sage CQ Press).

阿部齊・久保文明(2002)『現代アメリカの政治』(財)放送大学教育振興会。

阿部武松(1978)『アメリカの政治』公論社。

有賀貞(1985)『アメリカ政治史』福村出版。

朝日新聞　Web　*http://www.asahi.com/international/president/system.html*
(2016年10月3日アクセス)。

藤井浩司(1992)「統治構造の基本形態」竹尾隆編著『現代政治の諸相』八千代出版, 1992年, 第6章。

井田正道(2002)「選挙論」竹尾隆・井田正道編著『現代政治をみる眼』八千代出版, 2002年。

今村浩・三好陽編著(1997)『巨大国家権力の分散と統合』東信堂。

待鳥聡史(2016)『アメリカ大統領制の現在』NHKブックス。

松橋和夫(2003)「アメリカ連邦議会上院の権限および議事運営・立法補佐機構」『レファレンス』平成15年4月号。

日本経済新聞　2016年1月12日夕刊,「トランプ氏, 他候補を攻撃」。

日本経済新聞　2016年9月29日夕刊,「米同時テロ賠償『サウジ提訴』法　大統領拒否権覆し成立」。

U.S.House of Representative. Presidential Vetoes Last Updated (September 29, 2016)
http://history.house.gov/Institution/Presidential-Vetoes/Presidential-Vetoes/
2016年10月4日アクセス。

読売新聞　2016年8月6日　「米大統領選　共和「反トランプ」拡大　問題発言やめず　クリントン氏支持も」

● ──── 第1章

Abramson, Paul R., 1983. *Political Attitudes in America: Formation and Change*. San Francisco: W. H. Freeman & Co.

Abramson, Paul R., John H.Aldrich, and David W.Rohde. 2010. *Change and Continuity in the 2008 Elections*. Washington, DC, CQ Press.

Brewer, Mark D. 2009. Party Images in the American Electorate. New York: Routledge.

Bullock Ⅲ, Charles and Mark J. Rozell, eds. 2014. *The New Politics of the Old South: An Introduction to Southern Politics*. 5th ed. Lanham, MD: Rowman & Littlefield.

Campbell, Angus, Philip E.Converse, Warren E.Miller, and Donald E. Stokes. 1960. *The*

American Voter. New York: Wiley.

CNN 2008 *http://www.cnn.com/ELECTION/2008/results/polls/#USP00p1¥*.（2012年12月1日アクセス）。

Cooper, Christopher A., and H.Gibbs Knotts. 2008. *The New Politics of North Carolina*. The University of North Carolina Press.（2012年7月9日アクセス）。

Gallup. 2010. http://www.gallup.com/poll/125999/mississippians-go-church-most-vermonters-least.aspx.（2012年7月9日アクセス）。

Gelman, Andrew, David Park, Boris Shor, Joseph Bafumi, and Jeronimo Cortina. 2008. *Red State, Blue State, Rich State, Poor State: Why Americans Vote the Way They Do*. Princeton : Princeton University Press.

Kinder, Donald R. and Allison Dale-Riddle. 2012. *The End of Race? : Obama, 2008, and Racial Politics in America*. New Haven: Yale University Press.

Lazersfeld, Paul., Bernard Berelson,Hazel Gaudet. 1948. *The People's Choice*：*How the voter make up his mind in a presidential campaign*. New York: Columbia University Press.

Logan, Enid. 2011. *"At This Defending Moment": Barack Obama's Presidential Candidacy and the New Politics of Race*. New York: New York University Press.

McMahon, Kevin J., David M.Rankin, Donald W. Beachler, and John Kenneth White. 2009. *Winning the White House*, 2008. New York; Palgrave Macmillan.

Rhodes Terrel L. 2000. *Republicans in the South: Voting for the State House, Voting for the White House*. Westport: Praeger.

Simien, Evelym M. 2009. Clinton and Obama: The Impact of Race and Sex on the 2008 Democratic Presidential Primaries, In William J. Crotty ed. *Winning the Presidency 2008*. Boulder: Paradigm Publisher.

Todd, Chuck, and Sheldon Gawiser, 2009. *How Barack Obama Won: State-by State Guide to the Historic 2008 Presidential Election*. New York: Vintage Books.

U.S. Census Bureau. 2012. U.S. Census Bureau Projections Show a Slower Growing, Older, More Diverse Nation a Half Century from Now. *http://www.census.gov/newsroom/releases/archives/population/cb12-243.html*.（2014年1月10日アクセス）。

Wilson, Robert H., Peter M.Ward, Peter K. Spink, and Victoria E. Rodrigues. 2008. *Governance in the Americas: Decentralization, Democracy, and Subnational Government in Brazil, Mexico, and the USA*. Notre Dame, Indiana: University of Notre Dame Press.

● ── 第2章

Abramson, Paul R, John H.Aldrich, and David W.Rohde. 2010. *Change and Continuity in the 2008 Elections*. Washington DC.:CQ Press.

Anderson, R. Bruce and Zachary D. Baumann. 2014. Florida: "The South,"Rim State, or Wild Frontier? In Bullock III and Rozell eds. *The New Politics of the Old South*. 5th ed. Lanham, MD: Rowman & Littlefield.

Barth, Jay. Janine A Parry and Todd G.Shields. 2009. Arkansas: He's Not One of (Most of) Us, In Kapeluck, Moreland, and Steed eds. *A Paler Shade of Red: The 2008 Presidential Election, in the South*. Fayetteville: The University of Arkansas Press.

Berman, An.2013. The GOP'S White Southern Republican Problem. The Nation, Oct 4, *http://www.thenation.com/blog/176508/gops-white-southern-republican-problem#*.（2013年12月10日アクセス）。

Breaux, David A. and Stephen D.Shaffer. 2009. Mississippi: Democrats fight for Relevance in an increasingly Republican State, In Kapeluck, Moreland, and Steed eds. *A Paler Shade of Red: The 2008 Presidential Election, in the South*. Fayetteville: The University of Arkansas Press.

Buchanan, Scott E. 2014. South Carolina: The GOP's Deep South Redoubt. In Bullock III and Rozell eds. *The New Politics of the Old South*. 5th ed. Lanham, MD: Rowman & Littlefield.

Bullock III, Charles S.2014a. Introduction. In Bullock III and Rozell eds. *The New Politics of the Old South*. 5th ed. Lanham, MD: Rowman & Littlefield.

Bullock III, Charles S.2014b. Georgia: Republicans at the High Water Mark? In Bullock III and Rozell eds. *The New Politics of the Old South*. 5th ed. Lanham, MD: Rowman & Littlefield.

Campbell, Angus, Philip E.Converse, Warren E.Miller, and Donald E. Stokes. 1960. *The American Voter*. New York: Wiley.

Christopher A.Cooper and H.Gibbs Knotts. 2008. *The New Poiltics of North Carolina*. Chapel Hill: University of North Carolina Press.

Cotter, Patrick R. 2014. Alabama: From One Party to Competition and Back Again. In Bullock III and Rozell eds. *The New Politics of the Old South*. 5th ed. Lanham, MD: Rowman & Littlefield.

Dowdle, Andrew and Joseph D.Giammo.2014. Arkansas: As Red as the Rest? In Bullock III and Rozell eds. *The New Politics of the Old South*. Third Edition, Lanham, MD: Rowman & Littlefield.

藤本一美 1988『アメリカの政治と政党再編成─「サンベルト」の変容』勁草書房。

Gaddie, Ronald Keith. 2014. Oklahoma: Red State of Mind. In Bullock III and Rozell eds. *The New Politics of the Old South*. 5th ed. Lanham, MD: Rowman & Littlefield.

Hogan,Robert E. and Eunice H. McCarney. 2009. Louisiana: From Political Bellwether to Republican Stronghold, In Kapeluck, Moreland, and Steed eds. *A Paler Shade of Red: The 2008 Presidential Election, in the South*. Fayetteville: The University of Arkansas Press.

Hood III, M.V. and Seth C. McKee, 2014, Texas: Political Change by the Numbers. In Bullock

III and Rozell eds. *The New Politics of the Old South,*. 5th ed. Lanham, MD: Rowman & Littlefield.

Kapeluck, Branwell DuBose, Laurence W.Moreland, and Robert P.Steed. 2009. *A Paler Shade of Red: The 2008 Presidential Election in the South*. Fayetteville: The University of Arkansas Press.

Key, V.O., Jr. 1949. *Southern Politics in State and Nation*. New York: Alfred A. Knopf.

MaKee, Seth Charles. 2010. *Republican Ascendency in Southern U.S.House Elections*. Boulder: Westview Press.

National Conference of State Legislatures. 2012. *Statevote 2012. http://www.ncsl.org/research/elections-anDCampaigns/statevote.aspx. 2013/12/14.*（2014年1月2日アクセス）。

Nelson, Michael. 2014. Tennessee: From Bluish to Reddish to Red. In Bullock III and Rozell eds. *The New Politics of the Old South*. 5th ed. Lanham, MD: Rowman & Littlefield.

Paulson, Arthur C. 2013. Political Nominations in a Polarized Party System: The Republican Primary of 2012, In William J.Crotty eds. *Winning the Presidency 2012*. Boulder: Paradigm Publisher.

Pew Research Center. 2013/6/3. *http://www.pewhispanic.org/2013/06/03/inside-the-2012-latino-electorate/.*（2013年7月10日アクセス）。

Prysby, Charles. 2014. North Carolina: The Shifting Sands of Tar Heel Politics. In Bullock III and Rozell eds. *The New Politics of the Old South*. 5th ed. Lanham, MD: Rowman & Littlefield.

Rae, Nicol C. 1994. *Southern Democrats*. New York: Oxford University Press.

Rhodes, Terrel L. 2000. *Republicans in the South*. Westport, Connecticut: Praeger.

Real Clear Politics.http://www.realclearpolitics.com/articles/2013/04/30/southern_whites_shift_to_the_gop_predates_the_60s_118172.html.（2013年7月10日アクセス）。

Rozell, Mark J. 2014. Virginia: From Red to Blue? In Bullock III and Rozell eds. *The New Politics of the Old South*. 5th ed. Lanham, MD: Rowman & Littlefield.

Shaffer, Stephen D. and David A. Breaux. 2014. Mississippi: Emergence of a Modern Two-Party State. In Bullock III and Rozell eds. *The New Politics of the Old South*. 5th ed. Lanham, MD: Rowman & Littlefield.

Todd, Chuck and Sheldon Gawiser. 2009. *How Barack Obama Won: State-by State Guide to the Historic 2008 Presidential Election*. New York: Vintage Books.

Trende, Sean. 2013. Southern Whites' Shift to the GOP Predates the '60s. In Bullock III and Rozell eds. *The New Politics of the Old South*. 5th ed. Lanham, MD: Rowman & Littlefield.

U.S. Census Bureau. 2011. *Overview of Race and Hispanic Origin: 2012*.

U.S. Census Bureau. 2012. *Voting and Registration in the election of November 2008*.

Wall Street Journal. 2015/7/22. Democratic Party Machinery Shows Signs of Withering.

Wayne Parent and Huey Perry, 2014. Louisiana. In Bullock III and Rozell eds. *The New Politics of the Old South*. 5th ed. Lanham, MD: Rowman & Littlefield.

● ─── 第3章

Brown Anna. And Mark Hugo Lopez. August 29 2013. Mapping the Latino Population, By State, county anDCity. *Pew Research Center, http://www.pewhispanic.org/2013/08/29/mapping-the-latino-population-by-state-county-anDCity/*. (2013年10月10日アクセス)。

Camarota,Steven A, and Ashley Monique Webster（May 2011）The Hispanic Vote in 2010, *Center for Immigration Studies*, http://www.cis.org/hispanic-vote-2010-no-trend.

Campbell, Angus, Philip E.Converse, Warren E.Miller, and Donald E. Stokes. 1960. *The American Voter*. New York: Wiley.

CNN. 2008. *http://edition.cnn.com/ELECTION/2008/*. (2012年12月1日アクセス)。

CNN. 2012. *http://edition.cnn.com/ELECTION/2012/*. (2012年12月1日アクセス)。

Daily Mail Reporter. 13 June 2013. America's Tipping point; Whites to be minority in children under age 5 by next year.

http://www.dailymail.co.uk/news/article-2341066/Whites-soon-minority-American-children-age-5.html. (2012年9月28日アクセス)。

Gamboa, Suzanne. February 5 2013. How Many Latinos are In the House of Representatives? Huffington Post *http://www.huffingtonpost.com/2013/02/07/how-many-latinos-house-of-representatives_n_2638104.html*. (2013年10月7日アクセス)。

Gonzalez-Barrera, Ana. and Mark Hugo Lopez. August 13 2013. Spanish is the Most Spoken Non-English language in U.S. homes, even among non-Hispanic. *Pew Research Center. http://www.pewresearch.org/fact-tank/2013/08/13/spanish-is-the-most-spoken-non-english-language-in-u-s-homes-even-among-non-hispanics/*.(2013年10月8日アクセス)。

M.V. Hood III and Seth C. McKee, 2014, Texas: Political Change by the Numbers. In Bullock III and Rozell eds. *The New Politics of the Old South,*. 5th ed. Lanham, MD: Rowman & Littlefield.

Junn, Jane, and Elizabeth Matto. 2008. New Race Politics: The Changing Face of the American Electoral Landscape, In Jane and Kerry L. Haynie eds. *The New Race Politics in America: Understanding Minority and Immigrant Politics. New York*: Cambridge University Press.

久保文明・松岡泰・西山隆行・東京財団「現代アメリカ」プロジェクト, 編著　2012『マイノリティが変えるアメリカ政治』NTT出版。

Liasson, Mara. July 10 2013. Marco Lubio : Poster Boy for the GOP Identity Crisis. *National Public Radio. http://www.npr.org/blogs/itsallpolitics/2013/07/10/200753133/Marco-Rubio-Poster-Boy-For-The-GOP-Identity-Crisis*. (2013年10月9日アクセス)。

Lopez, Mark Hugo. And Ana Gonzalez-Barrera. June 3 2013. Inside the 2012 Latino

Electorate. *Pew Research Center.* http://www.pewhispanic.org/2013/06/03/inside-the-2012-latino-electorate/. (2013年10月7日アクセス)。

Lopez, Mark Hugo, Seth Motel, and Eileen Patten. October 1 2012. A Record 24 Million Latinos are Eligible to Vote, But Turnout Rate Has Lagged That of Whites and Blacks. *Pew Research Center.* http://www.pewhispanic.org/2012/10/01/a-record-24-million-latinos-are-eligible-to-vote/. (2013年10月8日アクセス)。

Lopez, Mark Hugo, and Paul Taylor. November 7 2012. Latino Voters in the 2012 Election, *Pew Research Center* http://www.pewhispanic.org/2012/11/07/latino-voters-in-the-2012-election/. (2013年10月10日アクセス)。

Motel, Seth. and Eileen Patten. October 1 2012. Latinos in the 2012 Election: Texas, *Pew Research Center.* http://www.pewhispanic.org/2012/10/01/latinos-in-the-2012-election-texas/. (2013年10月12日)。

Motel, Seth. and Eileen Patten. November 5 2012. Latinos in the 2012 Election: Florida, *Pew Research Center.* http://www.pewhispanic.org/2012/10/01/latinos-in-the-2012-election-florida-2/. (2013年10月12日アクセス)。

O'Brien, Eileen. 2008. *The Racial Middle: Latinos and Asian Americans Living Beyond the Racial Divide* (New York: NYU Press).

大津留(北川)智恵子　2012.「マイノリティの包摂と周縁化」久保他編著『マイノリティが変えるアメリカ政治』NTT出版，第三章。

Rodriguez, Cindy Y. November 9 2012. Latino Vote Key to Obama's Re-election, *CNN.* http://www.cnn.com/2012/11/09/politics/latino-vote-key-election/index.html. (2013年10月7日アクセス)。

Rodriguez, Eric. June 21 2013. In 2012, Hispanic Voter Turnout vs. Voting Power. *Huffington Post Latino Voices* http://www.huffingtonpost.com/eric-rodriguez/2012-hispanic-voter-turnout_b_3474788.html. (2013年10月7日アクセス)。

Taylor, Paul. May 10 2013. Politics and Race: Looking Ahead to 2060. *Pew Research Center.* http://www.pewresearch.org/fact-tank/2013/05/10/politics-and-race-looking-ahead-to-2060/. (2014年2月9日アクセス)。

Taylor. Paul, Ana Gonzalez-Barrera,Jeffrey S.Passel and Mark Hugo Lopez. (November 14 2012. An Awakened Giant: The Hispanic Electorate is Likely to Double by 2030. *Pew Research Center* http://www.pewhispanic.org/2012/11/14/an-awakened-giant-the-hispanic-electorate-is-likely-to-double-by-2030/. (2013年10月7日アクセス)。

Todd, Chuck, and Sheldon Gawiser. 2009. *How Barack Obama Won: State-by State Guide to the Historic 2008 Presidential Election.* New York: Vintage Books.

U.S. Census Bureau. 2011a. *Overview of Race and Hispanic Origin: 2012.*

U.S. Census Bureau. 2011b. *The Hispanic Population: 2010.*
U.S. Census Bureau. 2012a. *Voting and Registration in the election of November 2008.*
U.S. Census Bureau. 2012b. *Income, Poverty, Health Insurance Coverage in the United States: 2011.*
U.S. Census Bureau. 2013. *The Diversifying Electorate－Voting Rates by Race and Hispanic Origin in 2012.*
Wattenberg, Martin P. 2002. *Where Have All the Voters Gone? MA: Harvard University Press.*

●─────第4章

Abramson, Paul R., Jhon H.Aldrich, Brad T. Gomez, and David W.Rohde 2015. *Change and Continuity in the 2012 Elections*（Los Angeles: Sage Copress）．
Crotty, William J. 2013. The Obama Reelection Campaign, In Crotty ed., *Winning the Presidency 2012*（Boulder CO: Paradigm Publisher）．
CNN 2012 *http://www.cnn.com/POLITICS/pollingcenter/polls/3238.*（2012年12月12日アクセス）。
Devine, Tadd 2014. Obama Campaigns for Re-election, In Dennis W. Johnson eDC*ampaigning for President 2012*,（New York: Routledge）．
Fox, Richard L.2012. The Gender Gap and the Election of 2012, In William J.Crotty ed., *Winning the Presidency 2012*（Boulder CO: Paradigm Publisher）．
Gallup 2012a. Democratic Voting Enthusiasm Down Sharply From 2004, 2008 http://www.gallup.com/poll/156194/democratic-voting-enthusiasm-down-sharply-2004-2008.aspx.
Gallup 2012b. Heavily Democratic States Are Concentrated in the East *http://www.gallup.com/poll/156437/heavily-democratic-states-concentrated-east.aspx*.（2012年10月12日アクセス）
Gallup. 2012c. Americans' Preference Shifts Toward One-Party Government *http://www.gallup.com/poll/157739/americans-preference-shifts-toward-one-party-government.aspx*.（2012年11月12日アクセス）。
Gallup. 2012d. Obama Gets Three-Point Convention Bounce *http://www.gallup.com/poll/157406/obama-gets-three-point-convention-bounce.aspx*.（2012年11月12日アクセス）。
井田正道　1995.「クリントンと世論動向」藤本一美編著『クリントンとアメリカの変革』東信堂，所収。
井田正道　2014.「ロムニー選出への軌跡─2012年共和党大統領予備選─」『政経論叢』第83巻1・2号，明治大学。
井田正道　2015.「アメリカにおける人種構成の多様化と選挙─ヒスパニックの投票参加─」『政経論叢』第83巻3・4号，明治大学。
Johnson, Dennis W. 2014. *Campaigning for President 2012.* New York: Routledge.
Lazarsfeld, Paul, Bernard Berelson, and Hazel Gaudet 1948 *The People's Choice*：*How the Voter Makes Up His mind in a Presidential Campaign.* New York: Columbia University Press.

McGurn, William. 2012. 'The 'Likable' Barack Obama' *Wall Street Journal*, 2012/4/17.

Morin, Rich, and Seth Motel 2012 A Third of Americans Now Say They Are in the Lower Classes, *Pew Research Center, http://www.pewsocialtrends.org/2012/09/10/a-third-of-americans-now-say-they-are-in-the-lower-classes*. (2012年12月12日アクセス)。

New York Times (NYT) 2012/9/6. At the National Convention, the words being used. *http://www.nytimes.com/interactive/2012/09/06/us/politics/convention-worDCounts.html#!*. (2012年9月12日アクセス)。

NYT. 2012/10/25. Blocking the Vote.

NYT. 2012/10/31. An Unlikely Political Pair, Unite by a Disast. *http://www.nytimes.com/2012/11/01/us/politics/obama-tours-storm-ravaged-new-jersey-with-gov-chris-christie.html?_r=0*. (2012年11月12日アクセス)。

日本経済新聞　2012年8月31日「『2つのアメリカ』，大統領選号砲，財政・社会保障で分断」。

日本経済新聞　2015年1月13日「分断深まる米社会」。

Paulson, Arthur C. 2013. Presidential Nomination in a Polarized Party System:The Republican Primaries of 2012, In William J.Crotty ed., *Winning the Presidency 2012*.

Pew Research Center 2012 *http://www.pewsocialtrends.org/2012/09/10/a-third-of-americans-now-say-they-are-in-the-lower-classes*. (2012年11月12日アクセス)。

Pomper, Gerald M. 2013. The Presidential Election: Voting for Parties and Principles. In William J.Crotty ed., *Winning the Presidency 2012* (Boulder CO: Paradigm Publisher).

Prysby, Charles L. 2013. Explaining the Presidential Vote. In William J.Crotty ed., *Winning the Presidency 2012* (Boulder CO: Paradigm Publisher).

Spitzer, Robert J. 2013. Hot-Button Issues in the Presidential Campaign: 47 Percent Yes, Gun No? In Crotty ed. *Winning the Presidency 2012*.

Steger, Wayne P. 2013. A Transformational Political Campaign: Marketing and Candidate Messaging in the 2012 Election. In Crotty ed. *Winning the Presidency 2012*.

Streb, Matthew J. 2014. Democratic Strategy and Tactics during the General Election, In Johnson ed. *Campaigning for President 2012*.

Todd, Chuck, and Sheldon Gawiser, 2009 *How Barack Obama Won: State-by State Guide to the Historic 2008 Presidential Election*, (New York: Vintage Books).

USA TODAY 2012/4/2 USA TODAY・Gallup Poll 12 swing state poll.

USA TODAY 2013/9/7 Diversity is on the rise in small town, rural areas.

Wall Street Journal (WSJ) 2012. *http://projects.wsj.com/campaign2012/maps/?mod=wsj_elections_2012_nav#r=pres&v=states*. (2012年11月12日アクセス)。

WSJ. 2012/4/20. Poll Frames Rivals' Strengths.

WSJ. 2012/4/21. The Marriage Gap.

WSJ. 2012/5/4. Math Challenge for Romney.
WSJ. 2012/5/8. Race is on to Build Enthusiasm among Voters.
WSJ. 2012/5/8b. Gay Marriage Back on Radar.
WSJ. 2012/5/9. Romney Targets Obama Strongholds.
WSJ. 2012/6/26. Remapping the Road to Victory.
WSJ. 2012/11/8. Vote Data Show Changing Nation.
WSJ. 2015/7/22. Democratic Party Machinery Shows Signs of Withering.
Washington Post. 2012/5/3. Romney Optimistic about Electoral Map.
White, John Kenneth. 2013. The Election in Perspective, In Crotty ed. *Winning the Presidency 2012*.

第5章

阿部竹松 (1978)『アメリカの政治』公論社。
朝日新聞　2015年11月7日「アウトサイダー候補台頭」。
朝日新聞　2016年2月3日「反主流派候補　勢い」。
CNN　2016 Electio Center.
Gallup 2015a. *http://www.gallup.com/poll/182918/fewer-americans-identify-middle-class-recent-years.aspx*. (2016年8月15日アクセス)。
FOX　*http://www.foxnews.com/politics/elections/2016/exit-polls* (2016年11月11日アクセス)。
Galston, William A.2015. Trump's Blue-Collar Wave. In WSJ 2015/11/19.
Gallup 2015b. *http://www.gallup.com/poll/182987/americans-continue-say-wealth-distribution-unfair.aspx*.(2016年8月29日アクセス)。
Gallup (2016) Majority of U.S. Voters Think Media Favors Clinton *http://www.gallup.com/poll/197090/majority-voters-think-media-favors-clinton.aspx?g_source=POLITICS&g_medium=topic&g_campaign=tiles* (2016年11月11日アクセス)。
井田正道 (2014)「ロムニー選出への軌跡―2012年共和党大統領予備選―」『政経論叢』第83巻1・2号。
Newport, Frank (2016) Eight Things We learned in This Election. *http://www.gallup.com/opinion/polling-matters/197357/eight-things-learned-election.aspx?g_source=WWWV7HP&g_medium=topic&g_campaign=tiles* (2016年11月11日アクセス)。
日本経済新聞　2016年2月11日　「指名争い長期化の様相」。
日本経済新聞　2016年3月8日　「共和トランプ氏　党内では苦戦」。
日本経済新聞　2016年8月9日夕刊　「共和元高官50人が声明　トランプ氏に投票せず」。
西森マリー(2016)『トランプ・ヒラリー・クルーズ・サンダース演説集』星海社。
Norman, Jim (2016) Trump Victory Surprises American: Four in 10 Afraid. http://

www.gallup.com/poll/197375/trump-victory-surprises-americans-four-afraid.aspx?g_source=Election 2016&g_medium=lead&g_campaign=tiles (2016年11月11日アクセス)。
Paulson, Arthur C. 2013. Presidential Nomination in a Polarized Party System: The Republican Primaries of 2012, In Crotty ed. *Winning the Presidency 2012* (Boulder CO: Paradigm Publisher).
Polsby, Nelson W., Aaron Wildavsky, Steven E. Schier, and David A. Hopkins, 2012, *Presidential Elections*. 13th ed. Lanham, MD: Rowman & Littlefield.
Real Clear Politics, *http://www.realclearpolitics.com/epolls/2016/president/us/2016_democratic_presidential_nomination-3824.html* (2016年8月28日アクセス)。
冷泉彰彦(2016)『民主党のアメリカ　共和党のアメリカ』日本経済新聞出版社。
芹田ねこ(2016)『トランプ全発言!』徳間書店。
Terrance, V. Lance (2016) America's Unique and Controversial Electoral College. *http://www.gallup.com/opinion/polling-matters/197228/america-unique-controversial-electoral-college.aspx?g_source=WWWV7HP&g_medium=topic&g_campaign=tiles.* (2016年11月11日アクセス)。
Wall Street Journal (WSJ) 2015/8/5. Unhappy Voters Shuffle the Race For U.S. President.
WSJ 2015/12/9. Trump Seeks to Ban Muslims.
読売新聞　2015年7月24日「共和『トランプ旋風』」。
読売新聞　2016年3月17日「米大統領選　先導的言辞が招く社会の亀裂」。

初出誌

序章　書き下ろし。
第1章　「米国各州の政治的性格」『政経論叢』第85巻1・2号, 2016年(改変・省略あり)。
第2章　書き下ろし。
第3章　「人種的多様化と選挙—ヒスパニックの投票参加—」『政経論叢』第83巻3・4号, 2014年(改変あり)。
第4章　「オバマ再選への軌跡—2012年大統領選挙—」『政経論叢』第83巻5・6号, 2015年(改変あり)。
第5章　書き下ろし。

井田正道(いだ・まさみち)

1960年東京都生まれ。明治大学政治経済学部教授。専門は政治学(政治意識および選挙研究)。2012年3月より2014年3月まで,米国・デューク大学アジア太平洋研究所客員研究員。その他,日本政治総合研究所理事なども務める。著書として,『日本政治の潮流』(北樹出版,2007年),『政治・社会意識の現在』(北樹出版,2008年),『変革期における政権と世論』(編著,北樹出版,2010年),『世論調査を読む Q&Aから見る日本人の〈意識〉』(明治大学出版会,2013年)など多数。

明治大学リバティブックス

アメリカ分裂
―― 数字から読みとく大統領選挙

2017年2月28日　初版発行

著作者 ………………	井田正道
発行所	明治大学出版会
	〒101-8301
	東京都千代田区神田駿河台1-1
	電話　03-3296-4282
	http://www.meiji.ac.jp/press/
発売所 ………………	丸善出版株式会社
	〒101-0051
	東京都千代田区神田神保町2-17
	電話　03-3512-3256
	http://pub.maruzen.co.jp/
ブックデザイン………	中垣信夫+中垣具
印刷・製本…………	モリモト印刷株式会社

ISBN978-4-906811-19-9　C0036
©2017 Masamichi Ida
Printed in Japan

新装版〈リバティブックス〉刊行にあたって

教養主義がかつての力を失っている。
悠然たる知識への敬意がうすれ，
精神や文化ということばにも
確かな現実感が得難くなっているとも言われる。
情報の電子化が進み，書物による読書にも
大きな変革の波が寄せている。
ノウハウや気晴らしを追い求めるばかりではない，
人間の本源的な知識欲を満たす
教養とは何かを再考するべきときである。
明治大学出版会は，明治20年から昭和30年代まで存在した
明治大学出版部の半世紀以上の沈黙ののち，
2012年に新たな理念と名のもとに創設された。
刊行物の要に据えた叢書「リバティブックス」は，
大学人の研究成果を広く読まれるべき教養書にして世に送るという，
現出版会創設時来の理念を形にしたものである。
明治大学出版会は，現代世界の未曾有の変化に真摯に向きあいつつ，
創刊理念をもとに新時代にふさわしい教養を模索しながら
本叢書を充実させていく決意を，
新装版〈リバティブックス〉刊行によって表明する。

2013年12月
明治大学出版会